माया वर्ग

डॉ. ब्रजमोहन

वाणी प्रकाशन

वाणी प्रकाशन
4695, 21-ए, दरियागंज, नयी दिल्ली 110 002

शाखा
अशोक राजपथ, पटना 800 004

फ़ोन : +91 11 23273167 फ़ैक्स : +91 11 23275710

www.vaniprakashan.in
vaniprakashan@gmail.com
sales@vaniprakashan.in

MAYA VARG
by Dr. Brij Mohan

ISBN : 978-93-87889-66-8
Mathematics

संस्करण 2005
आवृत्ति 2018

मूल्य : ₹ 395

एस.एन. प्रिंटर्स, दिल्ली-110 093 में मुद्रित

वाणी प्रकाशन का लोगो मक़बूल फ़िदा हुसेन की कूची से

समर्पण

सुहृदे,

आज मेरी वाणी तुम्हारे कानों तक पहुँच रही है या नहीं, यह मैं नहीं जानता। आज तक किसी ने गोलोक से लौटकर यह न बताया कि उस 'संसार' में किसी प्रकार की भी भावना अथवा अनुभूति रहती है या नहीं। मेरी इस तुच्छ भेंट से तुम्हारा कोई लाभ अथवा हानि नहीं है क्योंकि तुम लाभालाभ के क्षेत्र से परे पहुँच चुकी हो। मैं तो इस प्रकार केवल अपनी ही मनस्तुष्टि कर रहा हूँ।

एक दिन था जब तुम्हारा पार्थिव शरीर मेरे सम्मुख था। आज वह दिन स्वप्न-सा हो गया है। जीवन का वही क्रम है, वही दिनचर्या है, वही गृह है, वही विद्यालय है, वही मार्ग है, परन्तु तुम नहीं हो। तथापि मुझे अब भी यह विश्वास नहीं होता कि तुम्हारा और मेरा संबंध सदैव के लिए टूट गया क्योंकि मैं तो जीवन के प्रतिक्षण तुम्हें अपने समीप ही पाता हूँ।

इस क्षणभंगुर संसार में किसी प्रकार का भी कार्यक्रम बनाना केवल एक मृग मरीचिका है। जब हम भविष्य के स्वप्न बनाते हैं नियति हमारे ऊपर अट्टहास करती है। उसके एक ही झकोरे से हमारा स्वप्निल भवन चकनाचूर हो जाता है। विधि की विडम्बना तो देखो। हमारे मर्मस्थल पर कुठाराघात करने में ही उसे आनन्द मिलता है। नियति ने आज तक न जाने कितने अनमोल मोती चुगे होंगे, परन्तु अभी तक उसकी भूख न मिट पाई। जीवन के समस्त् कार्य रुक सकते हैं, परन्तु विधि का विधान एक क्षण के लिए भी नहीं टल सकता। एक पंक्ति स्मरण आ रही है जो न जाने कब पढ़ी थी–

सब ठाठ पड़ा रह जावेगा जब लाद चलेगा बनजारा।

तुम्हारा अभिन्न
ब्रजमोहन

प्रस्तावना

इस पुस्तिका के लिखने की क्या आवश्यकता आन पड़ी। कारण यह है कि हिन्दी में लोकोपयोगी गणित सम्बन्धी पुस्तकों का सर्वथा अभाव है। गणित का विषय स्कूल के बच्चों को हुआ सा प्रतीत होता है। इस बात के समझाने की आवश्यकता है कि गणित में 'शून्य और खहर' (अनन्ती) सम्बन्धी 'पैशाचिक क्रियायें' ही नहीं होतीं, व्यावहारिक बुद्धि की बातें भी होती हैं। गणित में लोकोपयोगी खेल भी होती है। पहेलियाँ भी होती है। मानसिक क्रीडायें भी होती है। केवल उनकी और ध्यान आकृष्ट करने की आवश्यकता होती है। मेरा विचार है कि गणित की लोकोपयोगी शाखाओं पर कई पुस्तिकायें लिखकर हिन्दी जनता के सम्मुख रखूँ।

माया वर्ग का विषय अत्यंत प्राचीन है। प्राचीन समय में देश के बहुत से विद्वान इस विषय में रुचि दिखाते थे और अपने ग्रंथों में इसका उल्लेख करते थे। परंतु उन दिनों इस विषय को कोई स्वतंत्र रूप नहीं दिया गया था। पुस्तकों में यदा कदा एकाध अध्याय इस विषय पर रहता था। आधुनिक पाश्चात्य गणितज्ञों की तो अनेक पुस्तकें इस विषय की कोई भी स्वतंत्र पुस्तक मेरे देखने में नहीं आई है। इस पुस्तिका के निर्माण का मुख्य कारण यही है।

इस ढंग के विषय में इतनी छोटी पुस्तिका में कोई लेखक अनुसंधान समाग्री दे सकेगा इसकी आशा कोई सहृदय पाठक नहीं कर सकता। मेरा ध्येय तो केवल इस विषय की मुख्य मुख्य बातें जनता के सम्मुख रख कर विषय में रुचि दिलाना है। पुस्तक की तैयारी में मैंने कई एक ग्रन्थों की सहायता ली है जिनमें से मुख्य ये हैं :–

(1) पं. सुधाकर द्विवेदी–गणित का इतिहास

(2) क्रेट्चिक–मैथेमैटिकल रीक्रियेशन्स

(3) डब्लू-डब्लू-आर. बौल–मैथेमैटिकल रीक्रियेशन्स

(4) एन्साइक्लोपीडिया ब्रिटैनिका

इस विषय की अधिकतर सामग्री पाश्चात्य ग्रंथों में ही मिलती है। अतएव इस विषय के पाठक तत्संबंधी अंग्रेजी शब्दावली से ही परिचित होंगे। अतः पाठकों की सुविधा के लिए पुस्तिका के अंत में मैंने हिन्दी अंग्रेजी और अंग्रेजी-हिन्दी शब्दावालियां दे दी हैं। पुस्तिका में प्रयुक्त अधिकांश पारिभाषिक शब्द नागरी प्रचारिणी सभा की 'हिन्दी वैज्ञानिक शब्दावली 'गणित विभाग' के लिए गए हैं।

–ब्रजमोहन

विषय सूची

अध्याय १

विषय प्रवेश

माया वर्ग उस वर्ग को कहते हैं जिसमें कुछ संख्याएँ इस प्रकार सजाई जाएँ कि उसमें किसी भी ऊर्ध्व या **क्षैतिज** रेखा और किसी भी **विकर्ण** की संख्याओं का योग समान हो। इस प्रकार के तृतीय वर्ण के वर्ग का एक उदाहरण यह है।

इस वर्ग में किसी भी **स्तम्भ, पंक्ति** या विकर्ण की संख्याओं का जोड़ १५ है। इस जोड़ के निकालने की विधि यह है कि यदि, वर्ग का **वर्ण** 'स' है तो जोड़ $\frac{१}{२}$ स (स^{२}+१) होगा। इस वर्ग का वर्ण ३ है। अतः इस वर्ग का जोड़ $\frac{१}{२}$.३ (३^{२}+१) अर्थात १५ है। इसी प्रकार चौथे वर्ण के वर्ग का योग

८	१	६
३	५	७
४	९	२

= १५ (पंक्ति), = १५ (स्तम्भ), = १५ (विकर्ण)

आकृति १

१६	३	२	१३
५	१०	११	७
९	६	७	१२
४	१५	१४	१

= ३४ (पंक्ति), = ३४ (स्तम्भ), = ३४ (विकर्ण)

आकृति २

$\frac{१}{२}$.४ (४^{२}+१) अर्थात ३४ होगा :

परम्परा से माया वर्गों के विषय में बहुत सी किंवदन्तियाँ चली आती हैं। लोगों का विश्वास है कि इन वर्गों में दैवी शक्ति होती है। इसीलिए पुराने समय में इन्हें लोग जादू के वर्ग कहते थे। हिन्दी में इन्हें 'यन्त्र' भी कहते हैं। कट्टरपन्थियों का यह विश्वास है कि जिस व्यक्ति के शरीर पर ऐसा यन्त्र होगा, उसे भूत, चुड़ैलादि नहीं सताएँगे। बहुत से तावीजों पर ऐसे यन्त्र खुदे रहते हैं। इस प्रकार के विश्वास केवल इसी देश में प्रचलित नहीं हैं। कुछ शताब्दियों पहले यूरुप में लोगों का विश्वास था कि माया वर्ग से प्लेग का डर नहीं रहता।

तीसरे वर्ण के वर्ग का जो उदाहरण आकृति १ में दिया है, उसकी संख्याओं का जोड़ १५ है। इसलिए इस वर्ग को 'पन्द्रा' कहते हैं। इसी प्रकार यदि किसी वर्ग की संख्याओं का जोड़ २० हो तो उसे 'बीसा' कहेंगे, और ३० हो तो 'तीसा'

कहेंगे। अब तो यह बात निर्विवाद रूप से सिद्ध हो चुकी है कि ऐसा कोई वर्ग बन ही नहीं सकता जिसका जोड़ २० हो, तथापि ग्रमीणों में यह विश्वास अभी तक प्रचलित है कि 'बीसा' बनना सम्भव है। उन लोगों का यह विचार है कि जिस व्यक्ति के शरीर पर 'बीसा' बना हो उस पर खड्ग तक का प्रहार नहीं हो सकता। एक कहावत है कि–

सिद्ध होय बीसा। (तो) का करैं जगदीसा।।

इसका अर्थ यह है कि यदि तुम बीसा बना सकते हो तो भगवान भी तुम्हारा कुछ नहीं बिगाड़ सकते।

भारतवर्ष में यन्त्रविद्या का कब से आरम्भ हुआ, यह कोई नहीं जानता परन्तु इतना निश्चित है कि इस देश में यन्त्रों का व्यवहार बहुत ही पुराने समय से प्रचलित है। लिखित रूप में इन वर्गों का उल्लेख नारायण पण्डित की 'गणित कौमुदी' में मिलता है जो १३५६ ई. में लिखी गई थी। इसमें माया वर्ग बनाने की बहुत सी विधियाँ दी हुई हैं और यह लिखा है कि यह सब यन्त्र राजा मणिभद्र के लड़के के लिए बनाए गए थे।

चीन में भी लोग बहुत पुराने समय से इस प्रकार के वर्ग बनाते आ रहे हैं। बौद्धों में अभी तक इनका बहुत प्रचार है। यूरुप में इस विषय का प्रवेश कदाचित मौस्कोपोलस ने किया था जो कौन्स्टैण्टिनोपिल के निवासी थे। इनका जीवनकाल १५वीं शताब्दी का पूर्वार्ध बताया जाता है। इनकी एक हस्तलिखित पुस्तक पेरिस के राष्ट्रीय पुस्तकालय में विद्यमान है। ऐग्रिप्पा (१४८६-१५३५) ने भी क्रमशः ३,४,५,६,७,८,९, वें वर्ण के वर्ग बनाए थे। सन् १५१४ में ड्यूरर ने एक चित्र बनाया था। जिसमें चौथे वर्ण का वही वर्ग दिया था जो आकृति २ में दिया है। इस वर्ग की सबसे निचली पंक्ति की मध्य कुटियों के अंक इसके रचना वर्ष के द्योतक हैं। १७वीं शताब्दी में फ्रांस के विद्वान भी इस विषय में रुचि दिखाने लगे। १८वीं शताब्दी में यूलर ने भी इस पर ध्यान दिया था और अब तो इस विषय का अध्ययन संसार के प्रायः सभी देशों में होने लगा है।

भारतवर्ष में तो पुराने समय में प्रायः प्रत्येक विषय को धार्मिक रूप दे दिया जाता था। इस देश में सैकड़ों वर्ष से भिन्न-भिन्न प्रकार के यन्त्रों की उपासना होती चली आई है। एक प्रकार का यन्त्र 'श्री' है। सोने या चाँदी में खुदवाकर दुर्गादेवी के उपासक इसकी पूजा करते हैं। उनका विश्वास है कि इस यन्त्र की उपासना से मुँह माँगा वरदान मिलता है।

एक दूसरा यन्त्र इस प्रकार का है। लोगों को इस यन्त्र में असीम श्रद्धा है। यह सामान्य विश्वास है कि इस यन्त्र का पुजारी कभी रोगी नहीं होता। दूसरे शब्दों में यह यन्त्र प्लेग इत्यादि के टीके का काम देता है।

आकृति ३

इस आकृति में ५ कोने हैं। अतः इसे पंचकोना कहते हैं। बहुत से विद्यार्थी इस आकृति से परिचित होंगे क्योंकि इसका संबंध एक खेल से है जो छोटे बच्चे खेलते हैं। खेल इस प्रकार है :–

इस आकृति में १० शीर्ष हैं। किसी शीर्ष से आरंभ करके ३ तक गिनिए और तीसरे शीर्ष पर एक गोटी रख दीजिए। इसी प्रकार इस आकृति के १० शीर्षों में से ९ भर दीजिए। परन्तु शर्त यह है कि सदैव किसी खाली शीर्ष से आरम्भ करना होगा। इसीलिए इस आकृति को नवगोटिया भी कहते हैं क्योंकि इसमें ९ बिन्दुओं को ९ गोटियों में भरना होता है।

पुराने पण्डितों ने इस यन्त्र की बड़ी महिमा गाई है। रियासत मैसूर के एक गाँव में एक बड़ा पुराना प्रसिद्ध फाटक है। उस फाटक के एक खम्भ पर यही पंचकोना खुदा हुआ है। ग्रामीणों का यह विश्वास है कि जिस गाँव के फाटक पर यह यन्त्र खुदा हो, उस गाँव के ढोरों में कोई रोग नहीं फैलता।

इसी प्रकार का एक दूसरा यन्त्र यह है :

यह आकृति उर्दू के एक प्रश्न का उत्तर है जो एक शेर के रूप में है :—

ऐ बाग़बाँ एक बाग़ रख जिसमें शजर उन्नीस हों।
नौ क़तारें हों अयाँ और हर सतर में पाँच हों।।

अर्थात्, 'ऐ माली! एक ऐसी आकृति का बाग़ बना जिसमें पेड़ों की नौ पंक्तियाँ हों। प्रत्येक पंक्ति में ५ पेड़ हों परन्तु सब पेड़ों की संख्या १९ हो'। इस आकृति से स्पष्ट है कि इसमें सब शर्तें पूरी होती हैं।

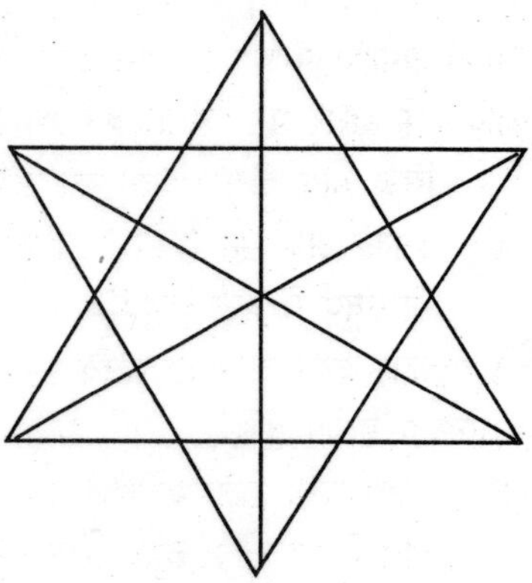

आकृति ४

एक रोचक यन्त्र यह हैं :—

आकृति ५

हिन्दुओं में विवाह, यज्ञोपवीत और अन्य धार्मिक कृत्यों पर इस यन्त्र का उपयोग होता है। बालचरों ने इसी यन्त्र को अपनी संस्था का चिह्न बनाया है। हिटलर ने भी इसी को अपने दल का प्रतीक माना था। इन दोनों आकृतियों में पहली उसी दिशा में खींची गई है। जिस दिशा में घड़ी की सुइयाँ घूमती हैं। इस आकृति को शुभ शगुन माना जाता है। दूसरी आकृति घड़ी की सुइयों से विपरीत दिशा में खींची गई है। इसे लोग अशगुन मानते हैं।

अध्याय २

व्याख्याएँ

किसी माया वर्ग की क्षैतिज रेखाओं को 'पंक्तियाँ' कहते हैं। प्रथम, द्वितीय, तृतीय....पंक्तियाँ ऊपर से नीचे की ओर गिनी जाती हैं। आकृति २ की प्रथम पंक्ति १६,३,२,१३ है। द्वितीय पंक्ति ५,१०,११,८ है।

किसी माया वर्ग की ऊर्ध्व रेखाओं को 'स्तम्भ' कहते हैं। प्रथम द्वितीय, तृतीय...स्तम्भ बाएँ से दाएँ की ओर गिने जाते हैं। आकृति २ का प्रथम स्तम्भ १६,५,९,४ है। द्वितीय स्तम्भ ३,१०,६,१५ है।

किसी माया वर्ग के प्रत्येक छोटे वर्ग को, जिसमें कोई संख्या रखी जाती है, 'कुटी' कहते हैं। आकृति १ में ९ कुटियाँ हैं, आकृति २ में १६।

जो पंक्तियाँ वर्ग के ऊपर और नीचे के सिरों से समान दूरी पर हों, पूरक पंक्तियाँ कहलाती हैं। आकृति २ में दूसरी और तीसरी पंक्तियाँ पूरक हैं। आकृति १६ में दूसरी और चौथी पंक्तियाँ पूरक हैं।

जो स्तम्भ वर्ग के बाएँ और दाहिने सिरों से समान दूरी पर हों, 'पूरक स्तम्भ' कहलाते हैं। आकृति २ में पहले और चौथे स्तम्भ पूरक हैं, दूसरे और तीसरे स्तम्भ भी पूरक हैं। आकृति १६ में पहिले और पाँचवें स्तम्भ पूरक हैं।

पंक्तियाँ और स्तम्भ परस्पर 'समकोणी' कहलाते हैं। जो कुटियाँ वर्ग के केन्द्र से समदूरस्थ हों, परस्पर 'कुटिलतः सम्बद्ध' कहलाती हैं। आकृति २ में कुटियाँ '१३' और '४' कुटिलतः सम्बद्ध हैं, '३' और '१४'; '११' और '६'; '८' और '९' कुटिलतः सम्बद्ध हैं।

जिस वर्ग में १ से लेकर स^{२} तक की प्राकृतिक संख्याओं का समावेश हो, स वें वर्ण का वर्ग कहलाता है। जैसा कि प्रथम अध्याय में उल्लेखित है, आकृति १ तीसरे वर्ण का वर्ग है, आकृति २ चौथे वर्ण का।

स वर्ण के वर्ग की 'प्रकृत दशा' में संख्याएँ १ से स^{२} तक ही होती हैं। इस दशा में, जैसा हम ऊपर कह चुके हैं, जोड़ $^{१}/_{२}$स (स^{२}+१) होता है। इस संख्या को माया अचल कहते हैं। और १ से स^{२} तक की संख्याओं को माया श्रेणी कहते हैं।

मान लीजिए कि हम आकृति १ की प्रत्येक कुटी की संख्या में २ जोड़ दें। तो हमें इस प्रकार का माया वर्ग प्राप्त होगा। इसमें तत्सम्बन्धी संख्याओं का जोड़ २१ है। इस वर्ग में संख्याएँ १ से आरंभ नहीं होतीं, वरन् ३ से आरंभ होती हैं। इसे वर्ग की 'विकृत दशा' कहते हैं।

१०	३	८	= २१
५	७	९	
६	११	४	

आकृति ६

माया वर्ग के विकर्ण की वही व्याख्या है जो साधारणतया किसी वर्ग के विकर्ण की होती है। आकृति २ में वर्ग के विकर्ण १६, १०, ७, १ और ४, ६, ११, १३ हैं। स्पष्ट है कि विकर्ण में प्रत्येक पंक्ति और प्रत्येक स्तम्भ की एक कुटी आ जाती है। अब मान लीजिए कि हम आकृति २ में संख्या ५ से विकर्णतः चलते हैं। तो हमें संख्याएँ ५, ६, १४ मिलती हैं। १४ के पश्चात् पंक्तियाँ समाप्त हो जाती हैं। अतः हम दाहिनी ओर बढ़ते हुए फिर पहली पंक्ति पर पहुँच जाते हैं। इस प्रकार

हमें संख्या १३ प्राप्त होती है। इस रेखा—५, ६, १४, १३—को विच्छिन्न विकर्ण कहते हैं। उस वर्ग के अन्य विच्छिन्न विकर्ण हैं ६, १५, २, ८; २, १०, ६, १; ३, ११, १२, ४ इत्यादि। स्पष्ट है कि किसी विच्छिन्न विकर्ण में भी प्रत्येक स्तंभ और प्रत्येक पंक्ति की एक ही कुटी आती है। मुख्य और विच्छिन्न विकर्णों को मिलाकर, स वर्ण के किसी भी माया वर्ग में, स अधोगामी विकर्ण होते हैं जो ऊपर से नीचे की ओर जाते हैं। और ऊर्ध्वगामी विकर्ण होते हैं जो नीचे से ऊपर की ओर जाते हैं। आकृति २ के ४ अधोगामी विकर्ण

१६, १०, ७, १;   ५, ६, १४,, १३;
६, १५, २, ८;   ४, ३, ११, १२;

हैं और ४ ऊर्ध्वगामी विकर्ण

४, ६, ११, १३;   १५, ७, ८, १६;
१४, १२, ५, ३;   १. ६, १०, २;

हैं।

यदि किसी वर्ग में एक या दोनों विकर्ण योग समकोणी योग अर्थात् माया अचल के समान न हों तो उसे अर्ध माया वर्ग कहते हैं। आकृति १६ एक अर्धमाया वर्ग है क्योंकि इसमें समकोणी योग ६५ है परन्तु एक विकर्ण का योग ७० है, दूसरे का ६०

इसके विपरीत यदि किसी वर्ग में समस्त विकर्णों—मुख्य और विच्छिन्न—का योग भी समकोणी योग के बराबर हो तो उसे **परमाया वर्ग** कहते हैं।

इस दिशा को जिसमें घड़ी की सुइयाँ घूमती हैं, **दक्षिणावर्त** दिशा कहते हैं। विपरीत दिशा ↶ को **वामावर्त** दिशा कहते हैं।

अध्याय ३

रूपांतर

मान लीजिए कि हम हिंदी के अक्षर 'ण' को घड़ी की सुइयों से विपरीत दिशा में घुमाते हैं। तो यदि हम प्रत्येक समकोण पर रुकते जाएँ तो हमें इस प्रकार की चार स्थितियाँ प्राप्त होंगी।

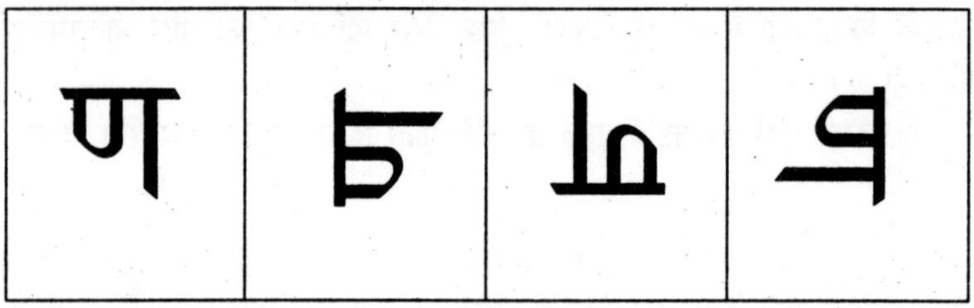

आकृति ७

अब मान लीजिए कि हम आकृति १ के वर्ग को इसी प्रकार घुमाते हैं तो हमें ४ वर्ग प्राप्त होंगे ?

८	१	६
३	५	७
४	९	२

६	७	२
१	५	९
८	३	४

२	९	४
७	५	३
६	१	८

४	३	८
९	५	१
२	७	६

आकृति ८

यदि हय 'ण' को दर्पण के सम्मुख रखें तो उसकी आकृति ण इस प्रकार की दिखाई देगी। अब यदि हम इसे घड़ी की सुइयों की दिशा में घुमाएं तो इस प्रकार की ४ स्थितियाँ मिलेंगी :

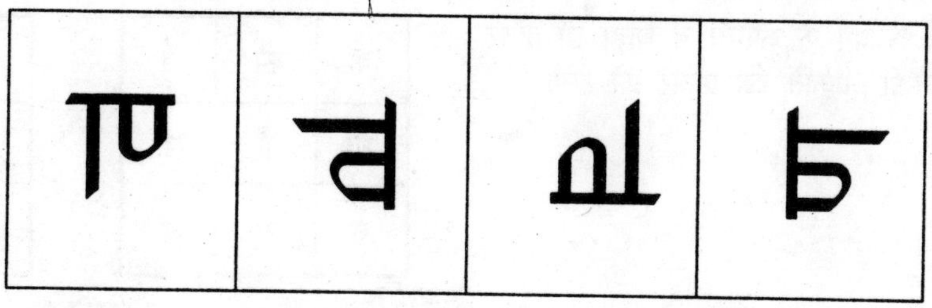

आकृति ९

यदि हम आकृति १ के वर्ग पर भी इसी प्रकार का प्रयोग करें तो यह ४ माया वर्ग और प्राप्त होंगे।

६	१	८
७	५	३
२	९	४

२	७	६
९	५	१
४	३	८

४	९	२
३	५	७
८	१	६

८	३	४
१	५	९
६	७	२

आकृति १०

इस प्रकार हमें एक ही वर्ग से आठ वर्ग प्राप्त हो गए। आकृति ८ के वर्ग केवल परिभ्रमण द्वारा प्राप्त हुए हैं, आकृति १० के परावर्तन और परिभ्रमण द्वारा। इन वर्गों को एक दूसरे से भिन्न नहीं माना जाता, सब एक दूसरे के तुल्य ही समझे जाते हैं।

किसी वर्ग के विकर्णतः सम्मुख भागों का हेर-फेर करने से भी एक रूपांतर प्राप्त होता है। समवर्ण के वर्ग का रूपांतर इस प्रकार होगा :

क	ख
घ	ग

ग	घ
ख	क

आकृति ११

आकृति २ के वर्ग का रूपांतर इस प्रकार होगा :

१६	३	२	१३
५	१०	११	८
९	६	७	१२
४	१५	१४	१

आकृति १२

७	१२	९	६
१४	१	४	१५
२	१३	१६	३
११	८	५	१०

विषम वर्ण के वर्ग के रूपांतर में थोड़ा सा अंतर पड़ेगा। उसकी आकृति इस प्रकार की होगी :

क	की	ख
घी	के	खी
घ	गी	ग

ग	गी	घ
खी	के	घी
ख	की	क

आकृति १३

उदाहरणतया, ५ वें वर्ण के वर्ग का रूपांतर इस प्रकार होगा :

१	२३	६	१९	२	१५
२	१०	१८	१	१४	२२
३	१७	५	१३	२१	९
४	४	१२	२५	८	१६
५	११	२४	७	२०	३

५	१६	२५	४	१२
२०	३	७	११	२४
२१	९	१३	१७	५
२	१५	१९	२३	६
१४	२२	१	१०	१८

आकृति १४

इस वर्ग में ५ पंक्तियाँ हैं। संख्याओं १, २, ३, ४, ५, को एक वृत्त की परधि पर क्रम से रखो।

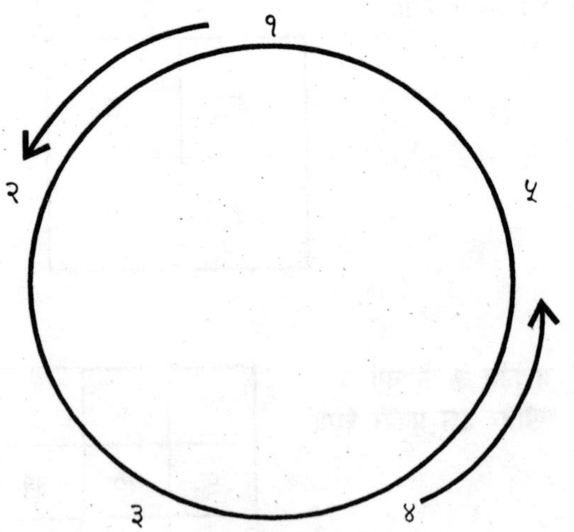

आकृति १५

यह अंक वामावर्त दिशा में लिखे गए हैं। अब किसी अंक से आरंभ करके इसी दिशा में चलो। यदि हम ४ से चलें तो अंक इस क्रम में मिलेंगे : ४, ५, १, २, ३,। अब आकृति १४ के प्रथम वर्ग की पंक्तियों को इसी क्रम में लिखो :—पहिले

चौथी पंक्ति, फिर पाँचवीं, फिर पहली, फिर दूसरी और अंत में तीसरी, तो हमें ५ वें वर्ग का यह रूपांतर प्राप्त होगा :

४	१२	२५	८	१६
११	२४	७	२०	३
२३	६	१६	२	१५
१०	१८	१	१४	२२
१७	५	१३	२१	६

आकृति १६

इसी प्रकार हम पंक्तियों के चक्रीय क्रमचय से अनेक रूपांतर प्राप्त कर सकते हैं। स्तंभों के हेरफेर अथवा पंक्तियों और स्तंभों दोनों के हेरफेर से अनेक रूपांतर मिल सकते हैं, परन्तु शर्त यह है कि क्रमचय सदैव चक्रक्रम में होने चाहिए। एक उदाहरण यहाँ दिया जाता है। सुविधा के लिए हम कुटियों को क्रमबद्ध किए देते हैं। पहली संख्या पंक्ति निरूपित करेगी, दूरी स्तंभ। २, ५, का अर्थ होगा; दूसरी पंक्ति के पाँचवें स्तंभ की कुटी; ४, ३ का अर्थ होगा : चौथी पंक्ति की तीसरी कुटी। इस नियम से ५ वें वर्ण के वर्ग की कुटियों का नामकरण इस प्रकार होगा :

१,१	१,२	१,३	१,४	१,५
२,१	२,२	२,३	२,४	२,५
३,१	३,२	३,३	३,४	३,५
४,१	४,२	४,३	४,४	४,५
५,१	५,२	५,३	५,४	५,५

आकृति १७

अब मान लो कि हम पंक्तियों का क्रम २, ३, ४, ५, १, लेते हैं और स्तंभों का ५, १, २, ३, ४, । तो हमारे नए वर्ग में संख्याओं का विन्यास इस प्रकार होगा :

२,५	२,१	२,२	२,३	२,४
३,५	३,१	३,२	३,३	३,४
४,५	४,१	४,२	४,३	४,४
५,५	५,१	५,२	५,३	५,४
१,५	१,१	१,२	१,३	१,४

आकृति १८

अर्थात् इस वर्ग की पहली पंक्ति की पहली कुटी में वह संख्या रखनी होगी जो मौलिक वर्ग की दूसरी पंक्ति की ५वीं कुटी में थी। इस वर्ग की दूसरी पंक्ति की चौथी कुटी में ३, ३ लिखा है। अतः इस कुटी में मौलिक वर्ग की तीसरी पंक्ति की तीसरी कुटी की संख्या रखनी होगी। आकृति १४ के प्रथम वर्ग पर इस रूपान्तर का प्रयोग करने से हमें निम्नांकित

वर्ग प्राप्त होगा :

२२	१०	१८	१	१४
९	१७	५	१३	२१
१६	४	१२	२५	८
३	११	२४	७	२०
१५	२३	६	१९	२

आकृति १९

एक रूपान्तर इस प्रकार भी होता है कि हम दो ऐसी पंक्तियों का हेरफेर कर लें जो केंद्र से समदूरस्थ हों। परन्तु शर्त यह है कि साथ-साथ हम उन स्तंभों का भी हेरफेर कर लें जो केंद्र से उतनी ही दूरी पर स्थिति हों। मान लो कि हम आकृति १९ में दूसरी और चौथी पंक्तियों का हेरफेर करना चाहते हैं। तो हमें साथ ही साथ दूसरे और चौथे स्तंभों का भी हेरफेर करना होगा। इस प्रकार यह वर्ग प्राप्त होगा :

२२	१	१८	१०	१४
३	७	२४	११	२०
१६	२५	१२	४	८
९	१३	५	१७	२१
१५	१९	६	२३	२

आकृति २०

यदि हम किसी माया वर्ग की प्रत्येक कुटी की संख्या में कोई एक विशिष्ट संख्या जोड़ दें, अथवा प्रत्येक संख्या में से एक विशिष्ट संख्या घटा दें, तो लब्ध वर्ग भी माया वर्ग ही होगा। इसीलिए माया वर्गों में समस्त संख्याएँ धनात्मक रखी जाती हैं। क्योंकि यदि कुछ संख्याएँ ऋणात्मक हों भी तो प्रत्येक कुटी में एक विशिष्ट संख्या जोड़ने से समस्त संख्याएँ धनात्मक बनाई जा सकती हैं।

इसी प्रकार माया वर्गों में समस्त संख्याएँ पूर्णांक ली जाती हैं क्योंकि यदि किसी वर्ग में कुछ संख्याएँ भिन्नात्मक हों तो प्रत्येक कुटी की संख्या को एक विशिष्ट संख्या से गुणा करने से ऐसी संख्याओं को पूर्णांकों में परिणत किया जा सकता है। ऐसा करने से वर्ग के माया गुण का ह्रास नहीं होता।

यदि किसी वर्ग की प्रत्येक कुटी की संख्या को एक विशिष्ट संख्या में से घटा दें तो भी वर्ग का माया गुण सुरक्षित रहता है। परन्तु लब्ध वर्ग अधिकतर प्रकृत दशा में नहीं होता। मान लों कि हम आकृति १ की प्रत्येक कुटी की संख्या को १३ में से घटाएँ। तो लब्धवर्ग ऐसा होगा :

५	१२	७	= २४
१०	८	६	
९	४	११	

आकृति २१

इस वर्ग की संख्याओं का जोड़ २४ है। इसमें संख्याओं ४, ५...१२ का समावेश है। यदि हम चाहें कि लब्ध वर्ग भी प्रकृत दशा में हो तो स वें वर्ण

के वर्ण की प्रत्येक कुटी की संख्या को (स^2+१) में से घटना चाहिए। इस प्रकार आकृति १ के वर्ग की संख्याओं को १० में से घटाने से यह वर्ग प्राप्त होगा :

२	९	४
७	५	३
६	१	८

आकृति २२

जो मौलिक वर्ग का ही रूपांतर है।

अध्याय ४

तृतीय वर्ण के वर्ग

विषम वर्ण के वर्गों के बनाने की साधारण विधियाँ तो अन्यत्र दी जाएँगी। इस अध्याय में हम तृतीय वर्ण के वर्गों का विशेषरूप से अध्ययन करेंगे। इस वर्ण के वर्ग तो साधारण तर्क से भी बनाए जा सकते हैं। यही बात हम इस अध्याय में दर्शाएँगे।

मान लो कि हमारा वर्ग इस प्रकार का है :

क	ख	ग
घ	ङ	च
छ	ज	झ

आकृति २३

इस वर्ग का माया अचल १५ है। अतः, दोनों केंद्रीय समकोणी और दोनों विकर्ण जोड़ने से,

(ख+ङ+ज)+(घ+ङ+च)+(क+ङ+झ)+(छ+ङ+ग)=६०

अर्थात् ३ ङ+ (क+ख+ग)+(घ+ङ+च)+(छ+ज+झ)=६०

अर्थात् ३ ङ+४५=६०

अतः ङ= ५

इस प्रकार हमें केंद्रीय कुटी की संख्या ज्ञात हो गई। और यह निष्कर्म भी निकल आया कि

क+झ = १०,

ख+ज = १०,

घ+च = १०,

और ग+छ = १०.

अतः यह पूरक जोड़े एक ही रेखा में रखने होंगे। अब मान लो कि

ग = १ तो छ = ९. तो हमारा वर्ग इस प्रकार का हो गया :

		१
	५	
९		

आकृति २४

अब यदि हम क = २, ३ या ४ रखें तो ख का भरना असम्भव हो जाएगा क्योंकि क, ख और १ का जोड़ १५ होना चाहिए, और कोई भी संख्या ९ से अधिक नहीं लेनी है। इसी प्रकार हम २, ३, या ४ को ख, च, अथवा झ के स्थान पर भी नहीं रख सकते। अतः इन तीन संख्याओं के लिए केवल दो ही स्थान शेष रह गए : घ और ज। यह एक

असम्भव स्थिति पैदा हो गई। अतएव ग = १ लेना ही अनुचित है। इसी प्रकार हम सिद्ध कर सकते हैं कि १ को किसी भी कोने की कुटी में नहीं रख सकते। अतः १ को ख, ज, घ, च—इन्हीं चारों में से किसी के स्थान पर रखना होगा। इस प्रकार हमें यह चार अपूर्ण वर्ग प्राप्त हो गए :

	१	
	५	
	९	

(१)

	९	
	५	
	१	

(२)

१	५	९

(३)

९	५	१

(४)

आकृति २५

अब ३ न तो १ के साथ एक रेखा में रखा जा सकता है न ९ के साथ, क्योंकि फिर इनके जोड़ की तीसरी संख्या नहीं मिल पाएगी। अतः पहले दो वर्गों में ३ को घ अथवा च के स्थान में और अन्तिम दो वर्गों में ख अथवा ज के स्थान में रख सकते हैं। अतः ३ की स्थिति के अनुसार इन चारों वर्गों में से प्रत्येक के दो-दो रूप हो गए :–

	१	
३	५	७
	९	

(१)–१

	१	
७	५	३
	९	

(१)–२

	९	
३	५	७
	१	

(२)–१

	९	
७	५	३
	१	

(२)–२

	३	
१	५	९
	७	

(३)–१

	७	
१	५	९
	३	

(३)–२

	३	
९	५	१
	७	

(४)–१

	७	
९	५	१
	३	

(४)–२

आकृति २६

८	१	६
३	५	७
४	९	२

आकृति २७

अब वर्ग (१)–१ पर विचार कीजिए। १, ३, ५, ७, ९—यह ५ अंक तो हम ले चुके हैं। अब रहे ४ अंक : २, ४, ६, ८. प्रथम पंक्ति की प्रथम कुटी में हम २ अथवा ४ तो रख नहीं सकते क्योंकि फिर पहली पंक्ति की तीसरी कुटी का भरना असम्भव हो जाएगा। अतः इस स्थान पर ६ अथवा ८ ही रखना पड़ेगा। परन्तु ६ रखने से प्रथम स्तम्भ की तीसरी कुटी का भरना असम्भव हो जाएगा। अतः इस स्थान पर ८ ही रखना पड़ेगा। इस स्थान

पर ८ रखने से प्रथम पंक्ति की तीसरी कुटी में ६ और प्रथम स्तम्भ की तीसरी कुटी में—छ के स्थान पर—४ रखना पड़ेगा। अब २ के लिए झ का स्थान ही शेष रह गया। अतः वर्ग (१)—१ का यह रूप हो गया।

इसी प्रकार हम देखेंगे कि शेष सातों वर्गों के भरने का केवल एक ही ढंग है। अतः हमें यह ८ वर्ग प्राप्त हो गए :

८	१	६
३	५	७
४	९	२

(१)—१

६	१	८
७	५	३
२	९	४

(१)—२

४	९	२
३	५	७
८	१	६

(२)—१

२	९	४
७	५	३
६	१	८

(२)—२

८	३	४
१	५	९
६	७	२

(३)—१

६	७	२
१	५	९
८	३	४

(३)—२

४	३	८
९	५	१
२	७	६

(४)—१

२	७	६
९	५	१
४	३	८

(४)—२

आकृति २८

यह वर्ग वही हैं जो आकृतियों ८ और १० में दिए गए हैं। अतः, स्पष्ट है कि तृतीय वर्ण का केवल एक ही मौलिक प्रकृत वर्ग होता है। शेष समस्त वर्ग उसके रूपान्तर होते हैं।

इसी प्रकार हम साधारण तर्क से ही ऐसी ९ संख्याओं का वर्ग बना सकते हैं जो तीन समानतर श्रेणियों में हों और जिनके प्रथम पद भी समान्तर श्रेणी में हों। मौलिक वर्ग इस प्रकार का होगा :—

म – क	म + क + ख	म – ख
म + क – ख	म	म – क + ख
म + ख	म – क – ख	म + क

आकृति २९

अध्याय ५

विषम वर्ण के वर्ग

इस अध्याय में भिन्न-भिन्न विषम वर्णों के वर्गों के बनाने की विधियाँ दी जाएँगी। प्रथम वर्ण का वर्ग

१

आकृति ३०

तो नाम मात्र का ही वर्ग है। यह वर्ग ईश्वर की अद्वितीयता का द्योतक है।

वर्ग बनाने से पहिले दो एक मोटी-मोटी बातों पर विचार कर लेना चाहिए। मान लीजिए कि हम किसी विधि से वर्ग बना रहे हैं और किसी नियम के अनुसार भिन्न-भिन्न पंक्तियों की कुटियों में संख्याएँ रखते जा रहे हैं। जब सब से ऊँची पंक्ति पर पहुँच जाएँ तो फिर सब से नीची पंक्ति से आरम्भ करना चाहिए। अर्थात् नीचे से ऊपर जाने में सब से ऊपर की पंक्ति पर पहुँचने पर यह नहीं समझना चाहिए कि पंक्तियाँ समाप्त हो गईं, वरन् यह कि सब से ऊँची पंक्ति के पश्चात् सब से नीची पंक्ति आती है।

इसी प्रकार जब हम भिन्न-भिन्न स्तम्भों की कुटियाँ भर रहे हों तो सबसे दाहिने स्तम्भ पर पहुँचने के पश्चात् फिर सबसे बाएँ स्तम्भ से आरम्भ करना चाहिए।

लूबेर फ्रान्स का एक निवासी था जो सन् १६८७ में चौदहवें लुई का दूत बनकर स्याम गया था। उसने वहीं पर विषम वर्ण के वर्ग बनाने की एक विधि सीखी थी। उस विधि में केवल तीन सीधे सीधे नियम हैं :—

(१) प्रथम पंक्ति की मध्य कुटी में संख्या १ रखो।

(२) फिर बाएँ से दाएँ और नीचे से ऊपर की दिशा में विकर्णतः बढ़ते चले जाओ और क्रम से संख्याएँ २, ३, ४... रखते चले जाओ।

(३) जब एक ऐसी पंक्ति पर पहुँच जाओ जो पहले से घिरी हुई हो तो अपनी कुटी से ठीक १ पंक्ति नीचे की कुटी से आरम्भ करो और फिर उसी प्रकार आगे बढ़ो।

इस प्रकार हम तृतीय वर्ण का एक वर्ग बनाते हैं।

	१	
३		
		२

आकृति ३१

प्रथम दो नियमों के अनुसार हम यहाँ तक तो पहुँच गए, परन्तु आगे गाड़ी रुकती हुई प्रतीत होती है, क्योंकि ३ के आगे की पंक्ति पहले से घिरी हुई है। अतः संख्या ४ संख्या ३ के ठीक नीचे रख कर आगे बढ़ो।

	१	६
३	५	
४		२

आकृति ३२

६ पर पहुँचने के पश्चात् फिर एक बाधा आन पड़ी क्योंकि नियमानुसार अगली संख्या प्रथम स्तम्भ की अन्तिम कुटी में रखनी चाहिए परन्तु उसमें पहले से ही ४ रखा हुआ है। अतः ६ के ठीक नीचे ७ रख कर फिर आगे बढ़ो। इस प्रकार आकृति २७ का वर्ग प्राप्त होगा।

तीसरे वर्ण के वर्ग की बड़ी महिमा गाई गई है। इन वर्गों की रचना के लिए दीवाली की रात सबसे उपयुक्त मानी गई है। मान लीजिए किसी वर्ष दीवाली रविवार या मंगल को पड़ रही है। ऐसी दीवाली की मध्यरात्रि में इस मन्त्र के पुजारी स्नान करेंगे और स्याही और कलम लेकर बैठ जाएँगे। कलम अनार की लकड़ी की होनी चाहिए। स्याही भी साधारण नहीं होगी। अष्टगन्ध नाम की एक जड़ी होती है जिसके रस से यह स्याही बनती है। तब यह लोग एक साँस में इस प्रकार के जितने यन्त्र बना सकेंगे, बना लेंगे। और तब लकीर पन्थी लोग इन यन्त्रों को खरीद लेंगे। यह लोग इन्हें चाँदी की डिबियों में बन्द करके ताबीज बना कर गले में डाल लेते हैं या हाथ में बाँध लेते हैं। कहते हैं कि इस यन्त्र के बाँधने से किसी भी रोग का डर नहीं रहता।

यह वर्ग शनिदेव को प्रिय है।

अब हम इन्हीं नियमों से ५ वें वर्ण का वर्ग बनाते हैं।

१७	२४	१	८	१५
२३	५	७	१४	१६
४	६	१३	२०	२२
१०	१२	१९	२१	३
११	१८	२५	२	९

आकृति ३३

इस वर्ग की संख्याओं का जोड़ $=\frac{1}{2}.५.(५^2+१)=$ ६५

अतः इस वर्ग को पैंसठा कहते हैं। यह मंगल देवता का चिह्न है। इसके पहिनने से घर में सदैव मंगल रहता है, कभी झगड़ा नहीं होता।

७ वें वर्ण के वर्ग का यह स्वरूप होगा :

३०	३९	४८	१	१०	१९	२८
३८	४७	७	९	१८	२७	२९
४६	६	८	१७	२६	३५	३७
५	१४	१६	२५	३४	३६	४५
१३	१५	२४	३३	४२	४४	४
२१	२३	३२	४१	४३	३	१२
२२	३१	४०	४९	२	११	२०

आकृति ३४

यह वर्ग शुक्र देव का चिह्न है। इससे वाहन का लाभ होता है, पुराने समय में घोड़ा गाड़ी अथवा बैलगाड़ी का और आजकल के समय में कदाचित् मोटर अथवा परैम्बुलेटर का!

इस वर्ग का माया अचल १७५ है। यहाँ यह प्रश्न हो सकता है कि किसी माया वर्ग में पंक्तियों, स्तम्भों और विकर्णों का योग किस प्रकार एक सा आ जाता है। अब तनिक इस वर्ग की संख्याओं के घटन पर विचार कीजिए। प्रत्येक संख्या को ७ के अपवर्त्यों के पदों में लिखिए,

इस प्रकार– ३०= ४.७+२

मान लीजिए कि हम इसको इस प्रकार–४,२–लिखते हैं।

तो ३९= ५, ४; ४३= ६, १....

तो पिछले वर्ग का यह स्वरूप हो जाएगा :

४,२	५,४	६,६	०,१	१,३	२,५	४,०
५,३	६,५	१,०	१,२	२,४	३,६	४,१
६,४	०,६	१,१	२,३	३,५	५,०	५,२
०,५	२,०	२,२	३,४	४,६	५,१	६,३
१,६	२,१	३,३	४,५	६,०	६,२	०,४
३,०	३,२	४,४	५,६	६,१	०,३	१,५
३,१	४,३	५,५	७,०	०,२	१,४	२,६

आकृति ३५

अब किसी भी पंक्ति पर दृष्टि डालिए। उदाहरणतया, ५ वीं पंक्ति की संख्याएँ ये हैं :
१, ६; २, १; ३, ३; ४, ५; ६, ०; ६, २; ०, ४ इनमें ७ से भाग देने से अवशेष ये बचे हैं :
६, १, ३, ४, ५, ०, २, ४ (अ)
अर्थात् ७ से छोटी समस्त संख्याएँ। और इनका जोड़ = २१ = ३.७ और इनमें ७ के गुणक ये हैं :
१, २, ३, ४, ६, ६, ०
अतः इन अपवर्त्यों का जोड़ = ७ (१+२+३+४+६+६+०) = ७.२२
अतएव ५वीं पंक्ति की संख्याओं का योग= ७.२२+३.७
= ७.२५= १७५

इसी प्रकार किसी भी पंक्ति, स्तम्भ अथवा विकर्ण पर दृष्टि डालने से पता चलेगा कि उसमें इकाई के अंक (अ) का ही कोई क्रमचय हैं। और अपवर्त्यों का जोड़ भी २२ ही मिलेगा।

हम इस विधि से केवल ९वें वर्ण का वर्ग और बनाएँगे।

४७	५८	६९	८०	१	१२	२३	३४	४५
५७	६८	७९	९	११	२२	३३	४४	४६
६७	७८	८	१०	२१	३२	४३	५४	५६
७७	७	१८	२०	३१	४२	५३	५५	६६
६	१७	१९	३०	४१	५२	६३	६५	७६
१६	२७	२९	४०	५१	६२	६४	७५	५
२६	२८	३९	५०	६१	७२	७४	४	१५
३६	३८	४९	६०	७१	७३	३	१४	२५
३७	४८	५९	७०	८१	२	१३	२४	३५

आकृति ३६

विषम वर्ण के वर्ग बनाने की दूसरी विधि बैशेट ने दी है। इस विधि का दूसरा नियम तो वही है जो लूबेर की विधि में है। पहले और तीसरे नियम इस प्रकार हैं :

(१) उस कुटी से आरम्भ करो जो वर्ग की मध्य कुटी के ठीक ऊपर हो।

(३) जब ऐसी कुटी पर पहुँच जाओ जो पहले से घिरी हो तो अपनी कुटी से ठीक २ पंक्ति ऊपरवाली कुटी से आरम्भ करो।

इस विधि से भी हम वह चारों वर्ग बनाएँगे जो लूबेर की विधि से बन चुके हैं।

८	१	६
३	५	७
४	९	२

आकृति ३७

२३	६	१९	२	१५
१०	१८	१	१४	२२
१७	५	१३	२१	९
४	१२	२५	८	१६
११	२४	७	२०	३

आकृति ३८

स्पष्ट है कि तृतीय वर्ण के वर्ग में तो दोनों विधियों में कोई अन्तर नहीं पड़ता परन्तु ५ वें वर्ण के वर्ग में भिन्नता आ जाती है।

४६	१५	४०	९	३४	३	२८
२१	३९	८	३३	२	२७	४५
३८	१४	३२	१	२६	४४	२०
१३	३१	७	२५	४३	१९	३७
३०	६	२४	४९	१८	३६	१२
५	२३	४८	१७	४२	११	२९
२२	४७	१६	४१	१०	३५	४

आकृति ३९

७७	२८	६९	२०	६१	१२	५३	४	४५
३६	६८	१९	६०	११	५२	३	४४	७६
६७	२७	५९	१०	५१	२	४३	७५	३५
२६	५८	१८	५०	१	४२	७४	३४	६६
५७	१७	४९	९	४१	७३	३३	६५	२५
१६	४८	८	४०	८१	३२	६४	२४	५६
४७	७	३९	८०	३१	७२	२३	५५	१५
६	३८	७९	३०	७१	२२	६३	१४	४६
३७	७८	२९	७०	२१	६२	१३	५४	५

आकृति ४०

अन्त में हम 'लीलावती' का ५ वें वर्ण का एक वर्ग देकर इस अध्याय को समाप्त करते हैं :

१४३४७	९८९७	११३६३	१४४०२	२४५०४
२१९१८	११४४३	१७५९६	११७०७	११८४९
९६८४	३२४७०	१३०८५	१९२६५	९
१६६८१	१३३३४	२१५२७	१०२२९	१२७४८
११८८३	७३६९	१०९४२	१८९१०	२५४०९

आकृति ४१

इस वर्ग का माया अचल ७४५१३ है।

अध्याय ६

चतुर्थ वर्ण के वर्ग

सम वर्ण के वर्गों का सिद्धान्त विषम वर्ण के वर्गों के सिद्धान्त से बहुत कठिन है। परन्तु चतुर्थ वर्ण के वर्गों का सिद्धान्त सरल और पूर्ण है।

चतुर्थ वर्ण का वर्ग बनाने के लिए पहले इन ५ संख्याओं को लिखो :

०, १, २, ३, ४

अब इन संख्याओं की चौगुनी संख्याएँ लिखो :

०, ४, ८, १२, १६

पहले संख्याकुलक में से ० और दूसरे में से १६ निकालने से यह दो संख्याकुलक हमें मिले :

१, २, ३, ४, (एक)

०, ४, ८, १२ (दो)

कुलक (एक) में १ और ४ पूरक संख्याएँ कहलाती हैं। २ और ३ भी पूरक संख्याएँ हैं।

अब इस कुलक की संख्याओं से एक सहायक वर्ग इस प्रकार बनाओ :

पहले इन चारों संख्याओं को क्रम से दोनों विकर्णों में बाएँ से दाहिने रखो :

१			४
	२	३	
	२	३	
१			४

आकृति ४२

अब स्तम्भों की शेष कुटियों में पूरक संख्याएँ भर दो।

१	३	२	४
४	२	३	१
४	२	३	१
१	३	२	४

आकृति ४३

इस प्रकार पहला सहायक वर्ग तैयार हो गया जिसका जोड़ १० है।

अब कुल (२) की संख्याओं से दूसरा सहायक वर्ग बनाना है। इन संख्याओं को विकर्णों में ऊपर से नीचे भर दो।

०			०
	४	४	
	८	८	
१२			१२

आकृति ४४

अब पंक्तियों की शेष कुटियों में पूरक संख्याएँ भर दो। यह बात ध्यान देने योग्य है कि पहले वर्ग में हमने पूरक संख्याएँ स्तम्भों के अनुसार भरी थीं और दूसरे वर्ग में पंक्तियों के अनुसार भर रहे हैं।

०	१२	१२	०
८	४	४	८
४	८	८	४
१२	०	०	१२

आकृति ४५

यह दूसरा सहायक वर्ग बन गया। इसका माया अचल २४ है। अब इन दोनों वर्गों की सम्वादी कुटियों की संख्याएँ जोड़ने से अभीष्ट माया वर्ग प्राप्त हो गया।

१	१५	१४	४
१२	६	७	९
८	१०	११	५
१३	३	२	१६

आकृति ४६

इस वर्ग का माया अचल ३४ है। अतः इसे 'चौंतीसा' कहते हैं। यह वर्ग बृहस्पति देव को प्रिय है। दीवाली के दिनों में लक्ष्मीजी के बहुत से चित्र बाजार में बिकने आते हैं। उन चित्रों पर बहुधा यह चित्र अथवा इसका कोई रूपान्तर बना रहता है। कहते हैं कि जिसके पास यह यन्त्र होता है, उसके आगे लक्ष्मी हाथ बाँधे खड़ी रहती है।

चतुर्थ वर्ण के वर्ग बनाने की एक साधारण विधि भी है। कोई ८ संख्याएँ

क, ख, ग, घ और कि, खि, गि, घि लो।

चतुर्थ वर्ण की एक सारणी बनाओ जिसके स्तम्भों के ऊपर पहली चार संख्याएँ रखो और अन्तिम चार को पंक्तियों के शीर्षक के स्थान पर रखो :

	क	ख	ग	घ
कि	क + कि	ख + कि	ग + कि	घ + कि
खि	क + खि	ख + खि	ग + खि	घ + खि
गि	क + गि	ख + गि	ग + गि	घ + गि
घि	क + घि	ख + घि	ग + घि	घ + घि

आकृति ४७

सारणी के अन्दर सम्वादी स्तम्भों और पंक्तियों के जोड़ रखो।

अब इस सारणी में मुख्य विकर्णों की संख्याओं को तो ऐसा ही रहने दो। शेष ८ संख्याओं में से प्रत्येक ऐसे जोड़ का हेर फेर कर लो जो केंद्र से समदूरस्थ हो। उदाहरणतया (ग+कि) और (ख+घि) का; (क+खि) और (घ+गि) का।

अब हमारी सारणी का यह रूप हो जाएगा।

क + कि	ग + घि	ख + घि	घ + कि
घ + गि	ख + खि	ग + खि	क + गि
घ + खि	ख + गि	ग + गि	क + खि
क + घि	ग + कि	ख + कि	घ + घि

आकृति ४८

अब इस वर्ग में द्वितीय वर्ण के उन वर्गों का हेर फेर कर लो जो ऊपर के दाहिने और नीचे के बाएँ कोने पर स्थित हैं। चित्र ४८ में इन वर्गों का निर्देश मोटी लकीरों द्वारा किया गया है। ऐसा करने से हमें इच्छित माया वर्ग प्राप्त हो जाएगा।

क + कि	ग + घि	घ + खि	घ + गि
घ + गि	ख + खि	क + घि	ग + कि
ख + घि	घ + कि	ग + गि	क + खि
ग + खि	क + गि	ख + कि	घ + घि

आकृति ४९

स्पष्ट है कि इस वर्ग के प्रत्येक स्तम्भ, पंक्ति और विकर्ण का योग

(क+ख+ग+घ)+(कि+खि+गि+घि) है। अतः यह वर्ग सदैव माया वर्ग रहेगा चाहे इन ८ संख्याओं के मान कुछ भी हों।

यदि हम १ से १६ तक की संख्याओं से वर्ग बनाना चाहें तो उसका एक हल यह है :

क = १, ख = २, ग = ३, घ = ४;

कि = ०, खि = ४, गि = ८, घि = १२.

इस प्रकार हमें यह वर्ग प्राप्त होगा :–

१	१५	८	१०
१२	६	१३	३
१४	४	११	५
७	९	२	१६

आकृति ५०

दूसरा हल यह है :

क = १, ख = ३, ग = ५, घ = ६;

कि = ०, खि = २, गि = ८, घि = १०

सम्वादी वर्ग इस प्रकार का होगा :

१	१५	८	१०
१४	४	११	५
१२	६	१३	३
७	९	२	१६

आकृति ५१

पिछले वर्ग में दूसरी और तीसरी पंक्तियों का हेर फेर करने से यही वर्ग प्राप्त होगा।

एक हल और भी है :–

क = १, ख = ३ ग = ५, घ = ७;

कि = ०, खि = १, गि = ८, घि=९.

सम्वादी वर्ग यह है :

१	१४	८	११
१५	४	१०	५
१२	७	१३	२
६	९	३	१६

आकृति ५२

इन तीनों हलों में हमने कि=० लिया है और क, ख, ग, घ को तथा कि खि, गि, घि को आरोह क्रम में लिया है, अर्थात्

क < ख < ग < घ

और कि < खि < गि < घि।

इन प्रतिबन्धों के साथ इस प्रश्न के यही ३ हल हो सकते हैं जो हमने लिए हैं।

अध्याय ७

सम वर्ण के वर्ग

सबसे छोटी सम संख्या २ है, परन्तु हम द्वितीय वर्ण का वर्ग नहीं बना सकते। अर्थात् प्रथम ४ प्राकृतिक संख्याओं—१, २, ३, ४—से वर्ग बनाना असम्भव है। इस तथ्य का भी लोग एक विशेष अर्थ लगाते हैं। हिन्दू पुराणों के अनुसार विश्व ५ तत्त्वों से बना है : पृथ्वी, जल, वायु, अग्नि और आकाश। हम ४ संख्याओं से कोई माया वर्ग नहीं बना सकते। इसका पौराणिक अर्थ यह है कि विश्व की रचना ४ तत्त्वों से नहीं हो सकती, पाँचों तत्त्व आवश्यक हैं।

जिस सम संख्या की आधी विषम हो, उसे इकसम संख्या कहते हैं। ६, १०, १४ इकसम संख्याएँ हैं क्योंकि इनकी आधी—३, ५, ७—विषम संख्याएँ हैं।

जिस सम संख्या की आधी सम हो, उसे द्विसम संख्या कहते हैं। ४, ८, १२ द्विसम संख्याएँ हैं क्योंकि इनकी आधी २, ४, ६ सम संख्याएँ हैं।

इकसम और द्विसम वर्णों के वर्ग बनाने की विधियाँ भिन्न-भिन्न हैं।

इकसम वर्ण के वर्ग

इस प्रकार के वर्ग बनाना सबसे कठिन है। हम इन वर्गों के निर्माण की साधारण विधि तो पीछे से देंगे। पहले छठे वर्ण का एक वर्ग बनाते हैं। सबसे पहिले, वर्ग को ४ बराबर भागों में बाँटो।

क	ग
घ	ख

आकृति ५३

संख्याओं १ से ९ तक से लूबेर की विधि से क में एक माया वर्ग बनाओ। इसी प्रकार संख्याओं

१०—१८ से ख में,
१९—२७ से ग में,
और २८—३६ से घ में

माया वर्ग बनाओ।

	८	१	६	२६	१९	२४	
क	३	५	७	२१	२३	२५	ग
	४	९	२	२२	२७	२०	
	३५	२८	३३	१७	१०	१५	
घ	३०	३२	३४	१२	१४	१६	ख
	३१	३६	२९	१३	१८	११	

आकृति ५४

हमने क की तीन कुटियों की संख्याएँ रेखांकित की हैं। इन संख्याओं को घ की सम्वादी कुटियों की संख्याओं से बदल लो। अर्थात् ८ के स्थान पर ३५ रखो, ५ के स्थान पर ३२ और ४ के स्थान पर ३१। तो हमें यह वर्ग प्राप्त हो जाएगा :

३५	१	६	२६	१९	२४
३	३२	७	२१	२३	२५
३१	९	२	२२	२७	२०
८	२८	३३	१७	१०	१५
३०	५	३४	१२	१४	१६
४	३६	२९	१३	१८	११

आकृति ५५

यही हमारा छठे वर्ण का अभीष्ट वर्ग है। वह वर्ग सूर्यदेव को प्रिय है। पौराणिक गाथाओं के अनुसार जिसके पास यह वर्ग होता है, उसके शत्रुओं का नाश होता है और उसे अपने मित्रों से लाभ होता है परन्तु उसके मामा और मामी को अनेक रोग सताने लगते हैं।

अब हम इकसम वर्ण के वर्गों के निर्माण की साधारण विधि देते हैं।

माल लो कि वर्ग का वर्ण स=२ (२ श+१) = २ ष है।

तो वर्ग में संख्याओं

१, २,...ष^2, ष^2+१, ष^2+२...२ ष^2, २ ष^2+१, २ ष^2+२,...३ ष^2, ३ ष^2+१, ३ ष^2+२,...४ ष^2

का समावेश होगा।

अब आकृति ५३ के वर्ग

	क में संख्याओं	१,२...ष^2 से,
	ख ”	ष^2, ष^2+१, ष^2+२,...२ ष^2 से,
	ग ”	२ ष^2, २ ष^2+१, २ ष^2+२,...३ ष^2 से
और	घ ”	३ ष^2, ३ ष^2+१, ३ ष^2+२,...४ ष^2 से

माया वर्ग बनाओ।

क की मध्य पंक्ति में पहली कुटी छोड़कर दूसरी कुटी से गिनकर श कुटियों की संख्याएँ रेखांकित करो। शेष कुटियों में पहली कुटी से गिनकर श कुटियों की संख्याओं को रेखांकित करो। इन संख्याओं का घ वर्ग की सम्यवादी कुटियों से हेर फेर करना है।

उपर्युक्त उदाहरण में स = ६ = २.३ = २ (२ श+१) = २ ष

∴ ष = ३ श = १

अतः उक्त वर्ग में क की मध्य पंक्ति में केवल दूसरी कुटी की संख्या और पहली और तीसरी पंक्ति में केवल पहली कुटी की संख्या का रेखांकन करना है।

फिर वर्ग ग में दाहिने हाथ से गिनकर प्रथम, द्वितीय...(श−१) स्तम्भों की कुटियों की संख्याओं को रेखांकित करो। इनका हेर फेर वर्ग ख की सम्वादी कुटियों की संख्याओं से करना है।

उपर्युक्त उदाहरण में श−१ = ०। अतः इस हेर फेर की आवश्यकता नहीं पड़ी।

अब इन नियमों से १०वें वर्ण का वर्ग बनाओ।

स = १० अर्थात् २ ष = १०, अतः ष = ५ और २ श + १ = ष = ५, अतः श = २ सब से पहिले वर्ग

क में संख्याओं १, २, ३,...२३, २४, २५ से, ख में संख्याओं २६, २७, २८,...४८, ४९, ५० से,

ग में संख्याओं ५१, ५२, ५३,...७३, ७४, ७५ से, और घ में संख्याओं ७६, ७७, ७८,...९८, ९९, १०० से,

माया वर्ग बनाओ।

	१७	२४	१	८	१५	६७	७४	५१	५८	६५	
	२३	५	७	१४	१६	७३	५५	५७	६४	६६	
क	४	६	१३	२०	२२	५४	५६	६३	७०	७२	ग
	१०	१२	१९	२१	३	६०	६२	६९	७१	५३	
	११	१८	२५	२	९	६१	६८	७५	५२	५९	
	९२	९९	७६	८३	९०	४२	४९	२६	३३	४०	
	९८	८०	८२	८९	९१	४८	३०	३२	३९	४१	
घ	७९	८१	८८	९५	९७	२९	३१	३८	४५	४७	ख
	८५	८७	९४	९६	७८	३५	३७	४४	४६	२८	
	८६	९३	१००	७७	८४	३६	४३	५०	२७	३४	

आकृति ५६

वर्ग क की मध्य पंक्ति में दूसरी और तीसरी कुटियों की संख्याएँ रेखांकित करो। अन्य पंक्तियों की पहली और दूसरी कुटियों की संख्याओं का रेखांकन करो। इन १० संख्याओं का हेर फेर वर्ग घ की सम्वादी कुटियों की संख्याओं से करना है।

श–१=१ अतः वर्ग ग के सबसे दाहिने स्तम्भ की कुटियों की संख्याओं का भी रेखांकन करो। इन ५ संख्याओं का हेर फेर वर्ग ख की सम्वादी कुटियों की संख्याओं से करना है।

९२	९९	१	८	१५	६७	७४	५१	५८	४०
९८	८०	७	१४	१६	७३	५५	५७	६४	४१
४	८१	८८	२०	२२	५४	५६	६३	७०	४७
८५	८७	१९	२१	३	६०	६२	६९	७१	२८
८६	९३	२५	२	९	६१	६८	७५	५२	३४
१७	२४	७६	८३	९०	४२	४९	२६	३३	६५
२३	५	८२	८९	९१	४८	३०	३२	३९	६६
७९	६	१३	९५	९७	२९	३१	३८	४५	७२
१०	१२	९४	९६	७८	३५	३७	४४	४६	५३
११	१८	१००	७७	८४	३६	४३	५०	२७	५९

आकृति ५७

उपर्युक्त हेर फेर करने से हमें अभीष्ट वर्ग प्राप्त होगा।

द्विसम वर्ण के वर्ग

एक चतुर्थ वर्ण के वर्ग में संख्याएँ १, २, ३,...१४, १५, १६ पंक्तियों में प्राकृतिक क्रम में रखो।

१	२	३	४
५	६	७	८
९	१०	११	१२
१३	१४	१५	१६

आकृति ५८

इस माया श्रेणी में १ और १६ पूरक संख्याएँ कहलाएँगी। इसी प्रकार २, १७ और ५, ११ भी पूरक संख्याएँ हैं।
वर्ग के विकर्ण खींचो। यह विकर्ण इन ८ संख्याओं को काटते हैं।
१, ६, ११, १६ और ४, ७, १०, १३
इन संख्याओं में से प्रत्येक के स्थान पर उसकी पूरक संख्या भर दो,
अर्थात् १ के स्थान पर १६, ७ के स्थान पर १०,....

१६	२	३	१३
५	११	१०	८
९	७	६	१२
४	१४	१५	१

आकृति ५९

इस प्रकार हमें चतुर्थ वर्ण का वर्ग प्राप्त हो गया।
अब हम ८वें वर्ण का वर्ग भी इसी विधि से बनाते हैं।
पहले ८वें वर्ण के वर्ग में १ से ६४ तक संख्याएँ पंक्तियों में प्राकृतिक क्रम में रखो।
वर्ग के विकर्ण खींचो।
हम सम्पूर्ण वर्ग को चतुर्थ वर्ण के ४ वर्गों में बाँट सकते हैं। इन ४ छोटे वर्गों के विकर्ण भी खींचो।

१	२	३	४	५	६	७	८
९	१०	११	१२	१३	१४	१५	१६
१७	१८	१९	२०	२१	२२	२३	२४
२५	२६	२७	२८	२९	३०	३१	३२
३३	३४	३५	३६	३७	३८	३९	४०
४१	४२	४३	४४	४५	४६	४७	४८
४९	५०	५१	५२	५३	५४	५५	५६
५७	५८	५९	६०	६१	६२	६३	६४

आकृति ६०

जितनी संख्याओं को यह समस्त विकर्ण काटते हैं, उन सबके स्थान पर पूरक संख्याएँ भर दो। इस प्रकार अभीष्ट वर्ग प्राप्त हो जाएगा।

६४	२	३	६१	६०	६	७	५७
९	५५	५४	१२	१३	५१	५०	१६
१७	४७	४६	२०	२१	४३	४२	२४
४०	२६	२७	३७	३६	३०	३१	३३
३२	३४	३५	२९	२८	३८	३९	२५
४१	२३	२२	४४	४५	१९	१८	४८
४९	१५	१४	५२	५३	११	१०	५६
८	५८	५९	५	४	६२	६३	१

आकृति ६१

इसी प्रकार हम किसी भी द्विसम वर्ण के वर्ग को चतुर्थ वर्ण के जितने वर्गों में बाँट सकेंगे, बाँट देंगे। इन समस्त वर्गों के विकर्ण खींच कर सम्वादी हेर फेर करने से इच्छित वर्ग प्राप्त हो जाएगा।

८वें वर्ण का वर्ग बुद्धदेव को प्रिय है। किंवदन्तियों के अनुसार इस वर्ग के स्वामित्व से निःसन्तान व्यक्ति को भी पुत्र लाभ होता है।

शतरंज में एक समस्या होती है जिसे 'घोड़े की समस्या' कहते हैं। शतरंज की बिसात में ६४ घर होते हैं। घोड़े को ६४ घरों में इस प्रकार घुमाना होता है कि किसी भी घर (कुटी) में दुबारा न जाए और कोई घर खाली न बचे। इस समस्या के हल करने की कई विधियाँ हैं। उनमें से एक विधि ऐसी भी है जिसका हल लगभग एक माया वर्ग की आकृति में आता है। इस ढंग का सबसे

= २६०

= २५६

४६	५५	४४	१९	५८	९	२२	७
४३	१८	४७	५६	२१	६	५९	१०
५४	४५	२०	४१	१२	५७	८	२३
१७	४२	५३	४८	५	२४	११	६०
५२	३	३२	१३	४०	६१	३४	२५
३१	१६	४९	४	३३	२८	३७	६२
२	५१	१४	२९	६४	३९	२६	३५
१५	३०	१	५०	२७	३६	६३	३८

= २६०

= २६४

आकृति ६२

अच्छा हल १८६२ में जैनिश ने दिया था जो इस प्रकार है :–

यह एक पूर्ण माया वर्ग नहीं है। इसमें पंक्तियों और स्तम्भों का जोड़ तो २६० है परन्तु एक विकर्ण का जोड़ २६४ और दूसरे का २५६ है। यदि किसी प्रकार एक विकर्ण में से ४ निकाल कर दूसरे विकर्ण में डाल दिया जाए तो विकर्णों का जोड़ भी ठीक हो जाए। परन्तु आज तक कोई ऐसा कर नहीं सका है। यदि किसी पाठक को इस विषय में रुचि हो तो इस समस्या की पूर्ति का उद्योग कर सकता है।

अब हम सम वर्ण के दो तीन वर्ग उस विधि से बनाते हैं जो अध्याय ६ के आरम्भ में दी गई थी।

६ ठे वर्ण के वर्ग के लिए प्रथम संख्या कुलक

१,२,३,४,५,६

है, और द्वितीय संख्या कुलक

०,६,१२,१८,२४,३०

है। प्रथम सहायक वर्ग इस प्रकार का होगा :

प्रथम सहायक वर्ग

	१	५	४	३	२	६
२१=	६	२	४	३	५	१
	६	५	३	४	२	१
	६	२	३	४	५	१
२१=	१	२	३	४	५	६
	१	५	४	३	२	६

२१=   = २१

आकृति ६३

द्वितीय सहायक वर्ग का यह रूप होगा :

द्वितीय सहायक वर्ग

०	३०	३०	०	३०	०	= ९०
२४	६	६	२४	६	२४	
१८	१८	१२	१२	१२	१८	
१२	१२	१८	१८	१८	१२	= ९०
६	२४	२४	६	२४	६	
३०	०	०	३०	०	३०	

९० =   = ९०   = ९०   = ९०

आकृति ६४

इन दोनों सहायक वर्गों की सम्वादी कुटियों की संख्याओं को जोड़ने से छठे वर्ण का इच्छित माया वर्ग प्राप्त होगा।

१	३५	३४	३	३२	६	= १११
३०	८	१०	२७	११	२५	
२४	२३	१५	१६	१४	१९	
१८	१४	२१	२२	२३	१३	= १११
७	२६	२७	१०	२९	१२	
३१	५	४	३३	२	३६	

१११ = (कर्ण)   = १११ (स्तम्भ ३)   = १११ (स्तम्भ ५)   = १११ (कर्ण)

आकृति ६५

आठवें वर्ण के सम्वादी वर्ग इस प्रकार के होंगे :

प्रथम सहायक वर्ग

१	७	६	५	४	३	२	८	= ३६
८	२	६	५	४	३	७	१	
८	७	३	५	४	६	२	१	
८	७	६	४	५	३	२	१	
८	७	६	४	५	३	२	१	
१	२	३	४	५	६	७	८	
१	२	३	४	५	६	७	८	
१	२	३	५	४	६	७	८	
						= ३६		

आकृति ६६

द्वितीय सहायक वर्ग

०	५६	५६	०	०	५६	५६	०	= २२४
४८	८	४८	८	८	४८	८	४८	
४०	४०	१६	१६	१६	१६	४०	४०	
३२	३२	२४	२४	२४	२४	३२	३२	
२४	२४	३२	३२	३२	३२	२४	२४	
१६	१६	४०	४०	४०	४०	१६	१६	
८	४८	८	४८	४८	८	४८	८	
५६	०	०	५६	५६	०	०	५६	= २२४

= २२४

आकृति ६७

८वें वर्ण का अभीष्ट माया वर्ग

१	६३	६२	५	४	५९	५८	८
५६	१०	५४	१३	१२	५१	१५	४९
४८	४७	१९	२१	२०	२२	४२	४१
४०	३९	३०	२८	२९	२७	३४	३३
३२	३१	३८	३६	३७	३५	२६	२५
१७	१८	४३	४४	४५	४६	२३	२४
९	५०	११	५२	५३	१४	५५	१६
५७	२	३	६१	६०	६	७	६४

आकृति ६८

अध्याय ८

किनारीदार वर्ग

यदि किसी माया वर्ग में से किनारी निकाल दी जाए, अर्थात् ऊपर और नीचे की पंक्तियाँ और दाहिने और बाएँ हाथ के स्तम्भ हटा दिए जाएँ, और फिर भी वर्ग मायावी रहे तो उसे किनारीदार वर्ग कहते हैं।

पहले तृतीय वर्ण का एक वर्ग लीजिए।

८	१	६	= १५
३	५	७	
४	९	२	

आकृति ६९

अब किनारी लगाकर इस वर्ग को ५वें वर्ण का बनाना है। इस वर्ग में प्रथम ९ संख्याओं का समावेश है। अतः ५वें वर्ण का बनाने के लिए इसमें १६ संख्याएँ और जोड़नी हैं।

प्रत्येक कुटी की संख्या में १६/२ अर्थात् ८ जोड़ने से वर्ग का यह रूप हो जाएगा :

	१६	९	१४		= ३९
	११	१३	१५		
	१२	१७	१०		

आकृति ७०

इस वर्ग का जोड़ ३९ है। इसमें ९ से १७ तक की संख्याओं का समावेश है। अब इसके चारों ओर किनारी लगाओ। इस प्रकार सब मिलाकर २५ कुटियाँ दृष्टिगोचर हो गईं जिनमें से १६ अभी खाली हैं जिन्हें इन संख्याओं

१, २, ३, ४, ५, ६, ७, ८

१८, १९, २०, २१, २२, २३, २४, २५

से भरना है। इनमें १ और २५ पूरक संख्याएँ हैं, २ और २४ पूरक संख्याएँ हैं। इसी प्रकार और सब भी। अब रिक्त कुटियों में सरल रेखाओं के सिरों पर एक विशिष्ट ढंग से पूरक संख्याएँ भरने से इच्छित वर्ग प्राप्त हो जाएगा।

१	२	१९	२०	२३
१८	१६	९	१४	८
२१	११	१३	१५	५
२२	१२	१७	१०	४
३	२४	७	६	२५

आकृति ७१

अब यदि इस वर्ग में एक किनारी और लगानी हो तो $७^२-५^२$ अर्थात् २४ कुटियाँ और बढ़ानी होंगी। अतः प्रत्येक कुटी की संख्या में $\frac{२४}{२}$ अर्थात् १२ जोड़िए और उसी विधि से आगे बढ़िए।

इसी प्रकार हम किनारी लगाकर वर्ग को जितना चाहें, बढ़ा सकते हैं। यहाँ ९वें वर्ण तक का किनारीदार वर्ग दिया जाता है।

८०	१	३	४	५	६९	७०	७१	७६
१५	६४	१७	२०	२१	५६	५५	५४	६७
१४	६३	५२	२९	३१	४७	४६	१९	६८
१०	६०	३४	४४	३७	४२	४६	२२	७२
९	२५	३३	३९	४१	४३	४९	५७	७३
७४	२४	५०	४०	४५	३८	३२	५८	८
७५	२३	३६	५३	५१	३५	३०	५९	७
७६	२८	६५	६२	६१	२६	२७	१८	६
१६	८१	७९	७८	७७	१३	१२	११	२

आकृति ७२

फ्रोलो ने तृतीय वर्ण के वर्ग में किनारी लगाने के लिए १० किनारियाँ दी हैं। उनका कथन है कि निम्नलिखित विधियों से इन्हीं १० किनारियों से तृतीय वर्ण के वर्ग में लगाने योग्य समस्त किनारियाँ प्राप्त हो सकती हैं:–

(१) बीच की ३ पंक्तियों के क्रमचय से,

(२) बीच के ३ स्तम्भों के क्रमचय से,

(३) प्रत्येक किनारी पर आकृतियों ७ और ९ के रूपान्तर लगाने से।

वे दस किनारियाँ ये हैं :–

८	२५	२३	७	२
२२				४
५				२१
६				२०
२४	१	३	१९	१८

८	२४	२३	४	६
२५				१
५				२१
७				१९
२०	२	३	२२	१८

७	२५	२४	६	३
२२				४
८				१८
५				२१
२३	१	२	२०	१९

७	२२	२५	८	३
६				२०
५				२१
२४				२
२३	४	१	१८	१९

७	६	२३	२४	५
२५				१
८				१८
४				२२
२१	२०	३	२	१९

७	२५	२४	४	५
२३				३
८				१८
६				२०
२१	१	२	२२	१०

३	२२	२१	१८	१
७				१९
२४				२
६				२०
२५	४	५	८	२३

३	२२	२०	१९	१
८				१८
२४				२
५				२१
२५	४	६	७	२३

६	२४	२३	८	४
२५				१
७				१९
५				२१
२२	२	३	१८	२०

६	२५	२३	७	४
२४				२
५				२१
८				१८
२२	१	३	१९	२०

आकृति ७३

जो नियम ऊपर दिए गए हैं, उन्हीं नियमों से हम समवर्ण के वर्गों में भी किनारी लगा सकते हैं।

चतुर्थ वर्ण का एक वर्ग लीजिए।

१४	७	१२	१
११	२	१३	८
५	१६	३	१०
४	९	६	१५

आकृति ७४

इस पर किनारी लगाने से छठे वर्ण का यह वर्ग प्राप्त होगा :

३५	१०	६	३०	२९	१
३	२४	१७	२२	११	३४
४	२१	१२	२३	१८	३३
५	१५	२६	१३	२०	३२
२८	१४	१९	१६	२५	९
३६	२७	३१	७	८	२

आकृति ७५

इस प्रकार किनारी लगा लगाकर हम वर्ग को जितना चाहें बढ़ा सकते हैं। यहाँ १२वें वर्ण का एक वर्ग दिया जाता है।

१४३	१२४	१२५	१२८	१३१	१३२	२२	१९	१८	१५	१२	१
३	१२१	१०८	१११	१०७	११०	३०	४०	३६	३९	२३	१४२
४	२५	१०३	९२	९४	९५	५४	५२	४९	४१	१२०	१४१
५	२६	४३	८९	६४	६०	८४	८३	५५	१०२	११९	१४०
६	२७	५४	५७	७८	७१	७६	६५	८८	१०१	११८	१३९
७	२८	४५	५८	७५	६६	७७	७२	८७	१००	११७	१३८
१६	३३	४६	५९	६९	८०	६७	७४	८६	९९	११२	१२९
१३४	११६	९८	८२	६८	७३	७०	७९	६३	४७	२९	११
१३५	११४	९७	९०	८१	८५	६१	६२	५६	४८	३१	१०
१३६	११३	१०४	५३	५१	५०	९१	९३	९६	४२	३२	९
१३७	१२२	३७	३४	३८	३५	११५	१०५	१०९	१०६	२४	८
१४४	२१	२०	१७	१४	१३	१२३	१२६	१२७	१३०	१३३	२

आकृति ७६

अध्याय ९

संयुक्त वर्ग

ट ठ वर्ण के उस वर्ग को संयुक्त ट×ठ माया वर्ग कहते हैं जो ठ वर्ण के $ट^{२}$ माया वर्गों में विभाजित हो सके।

तृतीय वर्ण का एक वर्ग लीजिए।

६	७	२
१	५	९
८	३	४

आकृति ७७

इस वर्ग की प्रत्येक कुटी की संख्या के स्थान पर इस क्रम से तृतीय वर्ण का एक वर्ग रखिए :
१ के स्थान पर यही वर्ग।
२ के स्थान पर वह वर्ग जो इस वर्ग की प्रत्येक संख्या में ९ जोड़ने से बनता है।
३ के स्थान पर वह वर्ग जो इस वर्ग की प्रत्येक संख्या में १८ जोड़ने से बनता है।
४ के स्थान पर वह वर्ग जो इस वर्ग की प्रत्येक संख्या में २७ जोड़ने से बनता है।
इस प्रकार हमें ३×३ वें, अर्थात् ९वें वर्ण का यह वर्ग प्राप्त होगा :

५१	५२	४७	६०	६१	५६	१५	१६	११
४६	५०	५४	५५	५९	६३	१०	१४	१८
५३	४८	४९	६२	५७	५८	१७	१२	१३
६	७	२	४२	४३	३८	७८	७९	७४
१	५	९	३७	४१	४५	७३	७७	८१
८	३	४	४४	३९	४०	८०	७५	७६
६९	७०	६५	२४	२५	२०	३३	३४	२९
६४	६८	७२	१९	२३	२७	२८	३२	३६
७१	६६	६७	२६	२१	२२	३५	३०	३१

आकृति ७८

इसी प्रकार ३ × ४ वर्ण का संयुक्त वर्ग बनाने के लिए एक वर्ग तृतीय वर्ण का

८	३	४
१	५	९
६	७	२

आकृति ७९

और एक चतुर्थ वर्ण का लीजिए।

१६	३	२	१३
५	१०	११	८
९	६	७	१२
४	१५	१४	१

आकृति ८०

अब तृतीय वर्ण के वर्ग की प्रत्येक कुटी की संख्या के स्थान पर चतुर्थ वर्ण का एक वर्ग इस क्रम से रखिए :

१ के स्थान पर आकृति ८० का वर्ग,
२ के स्थान पर वह वर्ग जो इस वर्ग की प्रत्येक संख्या में १६ जोड़ने से बनेगा,
३ के स्थान पर वह वर्ग जो इस वर्ग की प्रत्येक संख्या में ३२ जोड़ने से बनेगा,
४ के स्थान पर वह वर्ग जो इस वर्ग की प्रत्येक संख्या में ४८ जोड़ने से बनेगा।
इस प्रकार हमें संयुक्त ३×४ माया वर्ग प्राप्त होगा।

१२८	११५	११४	१२५	४८	३५	३४	४५	६४	५१	५०	६१
११७	१२२	१२३	१२०	३७	४२	४३	४०	५३	५८	५९	५६
१२१	११८	११९	१२४	४१	३८	३९	४४	५७	५४	५५	६०
११६	१२७	१२६	११३	३६	४७	४६	३३	५२	६३	६२	४९
१६	३	२	१३	८०	६७	६६	७७	१४४	१३१	३०	१४१
५	१०	११	८	६९	७४	७५	७२	१२३	१३८	१३९	१३६
९	६	७	१२	७३	७०	७१	७६	१३७	१३४	१३५	१४०
४	१५	१४	१	६८	७९	७८	६५	१३२	१४३	१४२	२९
९६	८३	८२	९३	११२	९९	९८	१०९	३२	१९	१८	२९
८५	९०	९१	८८	१०१	१०६	१०७	१०४	२१	२६	२७	२४
८९	८६	८७	९२	१०५	१०२	१०३	१०८	२५	२२	२३	२८
८४	९५	९४	८१	१००	१११	११०	९७	२०	३१	३०	१७

आकृति ८१

इन्हीं नियमों से हम संयुक्त ४×३ माया वर्ग बना सकते हैं।

१४३	१३८	१३९	२६	२१	२२	१७	१२	१३	११६	१११	११२
१३६	१४०	१४४	१९	२३	२७	१०	१४	१८	१०९	११३	११७
१४१	१४२	१३७	२४	२५	२०	१५	१६	११	११४	११५	११०
४४	३९	४०	८९	८४	८५	९८	९३	९४	७१	६६	६७
३७	४१	४५	८२	८६	९०	९१	९५	९९	६४	६८	७२
४२	४३	३८	८७	८८	८३	९६	९७	९२	६९	७०	६५
८०	७५	७६	५३	४८	५९	६२	५७	५८	१०७	१०२	१०३
७३	७७	८१	४६	५०	५४	५५	५९	६३	१००	१०४	१०८
७८	७९	७४	५१	५२	४७	६०	६१	५६	१०५	१०६	१०१
३५	३०	३१	१३४	१२९	१३०	१२५	१२०	१२१	८	३	४
२८	३२	३६	१२७	१३१	१३५	११८	१२२	२६	१	५	९
३३	३४	२९	१३२	१३३	१२८	१२३	१२४	११९	६	७	२

आकृति ८२

अब हम दूसरी विधि से संयुक्त ५×३ माया वर्ग बनाते हैं।
पहले १ से $(१५)^२$ तक की संख्याएँ प्राकृतिक रूप में रक्खो, अर्थात् बाएँ से दाहिने और नीचे से ऊपर।

२११	२१२	२१३	२१४	२१५	२१६	२१७	२१८	२१९	२२०	२२१	२२२	२२३	२२४	२२५
१९६	१९७	१९८	१९९	२००	२०१	२०२	२०३	२०४	२०५	२०६	२०७	२०८	२०९	२१०
१८१	१८२	१८३	१८४	१८५	१८६	१८७	१८८	१८९	१९०	१९१	१९२	१९३	१९४	१९५
१६६	१६७	१६८	१६९	१७०	१७१	१७२	१७३	१७४	१७५	१७६	१७७	१७८	१७९	१८०
१५१	१५२	१५३	१५४	१५५	१५६	१५७	१५८	१५९	१६०	१६१	१६२	१६३	१६४	१६५
१३६	१३७	१३८	१३९	१४०	१४१	१४२	१४३	१४४	१४५	१४६	१४७	१४८	१४९	१५०
१२१	१२२	१२३	१२४	१२५	१२६	१२७	१२८	१२९	१३०	१३१	१३२	१३३	१३४	१३५
१०६	१०७	१०८	१०९	११०	१११	११२	११३	११४	११५	११६	११७	११८	११९	१२०
९१	९२	९३	९४	९५	९६	९७	९८	९९	१००	१०१	१०२	१०३	१०४	१०५
७६	७७	७८	७९	८०	८१	८२	८३	८४	८५	८६	८७	८८	८९	९०
६१	६२	६३	६४	६५	६६	६७	६८	६९	७०	७१	७२	७३	७४	७५
४६	४७	४८	४९	५०	५१	५२	५३	५४	५५	५६	५७	५८	५९	६०
३१	३२	३३	३४	३५	३६	३७	३८	३९	४०	४१	४२	४३	४४	४५
१६	१७	१८	१९	२०	२१	२२	२३	२४	२५	२६	२७	२८	२९	३०
१	२	३	४	५	६	७	८	९	१०	११	१२	१३	१४	१५

आकृति ८३

इस वर्ग को तृतीय वर्ण के २५ वर्गों में बाँटो जैसा आकृति ८३ में दिया है। इनमें से प्रत्येक वर्ग की संख्याओं म. लूबेर की विधि से एक माया वर्ग बनाओ। तो आकृति ८३ के पूर्ण वर्ग का यह रूप हो जाएगा :–

२१२	१८१	१९८	२१५	१८४	२०१	२१८	१८७	२०४	२२१	१९०	२०७	२२४	१९३	२१०
१८३	१९७	२११	१८६	२००	२१४	१८९	२०३	२१७	१९२	२०६	२२०	१९५	२०९	२२३
१९६	२१३	१८२	१९९	२१६	१८५	२०२	२१९	१८८	२०५	२२२	१९१	२०८	२२५	१९४
१६७	१३६	१५३	१७०	१३९	१५६	१७३	१४२	१५९	१७६	१४५	१६२	१७९	१४८	१६५
१३८	१५२	१६६	१४१	१५५	१६९	१४४	१५८	१७२	१४७	१६१	१७५	१५०	१६४	१७८
१५१	१६८	१३७	१५४	१७१	१४०	१५७	१७४	१४३	१६०	१७७	१४६	१६३	१८०	१४९
१२२	९१	१०८	१२५	९४	१११	१२८	९७	११४	१३१	१००	११७	१३४	१०३	१२०
९३	१०७	१२१	९६	११०	१२४	९९	११३	१२७	१०२	११६	१३०	१०५	११९	१३३
१०६	१२३	९२	१०९	१२६	९५	११२	१२९	९८	११५	१३२	१०१	११८	१३५	१०४
७७	४६	६३	८०	४९	६६	८३	५२	६९	८६	५५	७२	७९	५८	७५
४८	६२	७६	५१	६५	७९	५४	६८	८२	५७	७१	८५	६०	७४	८८
६१	७८	४७	६४	८१	५०	६७	८४	५३	७०	८७	५६	७३	९०	५९
३२	१	१८	३५	४	२१	३८	७	२४	४१	१०	२७	४४	१३	३०
३	१७	३१	६	२०	३४	९	२३	३७	१२	२६	४०	१५	२९	४३
१६	३३	२	१९	३६	५	२२	३९	८	२५	४२	११	२८	४५	१४

आकृति ८४

इनमें से प्रत्येक वर्ग की संख्याओं का माध्य निकालो। उदाहरणतया हम यह वर्ग लेते हैं :

३८	७	२४
९	२३	३७
२२	३९	८

आकृति ८५

इस वर्ग की संख्याओं का जोड़ २०७ है। इसे ९ से भाग देने से इस वर्ग की संख्याओं का माध्य २३ आ गया। इसी प्रकार समस्त वर्गों के माध्य निकालने से हमें ये २५ संख्याएँ मिलेंगी :

१९७, २००, २०३, २०६, २०९

१५२, १५५, १५८, १६१, १६४

१०७, ११०, ११३, ११६, ११९

६२, ६५, ६८, ७१, ७४

१७, २०, २३, २६, २९

अब लूबेर की विधि से इन संख्याओं से ५वें वर्ण का एक माया वर्ग बनाओ।

१५५	२०६	१७	६८	११९
२०३	२९	६५	११६	१५२
२६	६२	११३	१६४	२००
७४	११०	१६१	१९७	२३
१०७	१५८	२०९	२०	७१

आकृति ८६

इस वर्ग की प्रत्येक कुटी की संख्या के स्थान पर आकृति ८४ का वह वर्ग रखो जिसका यह संख्या माध्य हो। उदाहरणतया, आकृति ८६ के वर्ग की द्वितीय पंक्ति की तीसरी कुटी की संख्या ६५ है। यह संख्या आकृति ८४ के इस वर्ग–

८०	४९	६६
५१	६५	७९
६४	८१	५०

आकृति ८७

की संख्याओं का माध्य है। अतः आकृति ८६ के वर्ग में ६५ के स्थान पर यह वर्ग रखो।

इसी प्रकार आकृति ८६ के वर्ग की प्रत्येक संख्या के स्थान पर तृतीय वर्ण का सम्वादी वर्ग रखने से हमें यह वर्ग प्राप्त होगा।

१७०	१३९	१५६	२२१	१९०	२०७	३२	१	१८	८३	५२	६९	१३४	१०३	१२०
१४१	१५५	१६८	१८२	२०६	२२०	३	१७	३१	५४	६८	८२	१०५	११९	१३३
१५४	१७१	१४०	२०५	२२२	१९१	१६	३३	२	६७	८४	५३	११८	१३५	१०४
२१८	१८७	२०४	४४	१३	३०	८०	४९	६६	१३१	१००	११७	१६७	१३६	१५३
१८९	२०३	२१७	१५	२९	४३	५१	६५	७९	१०२	११६	१३०	१३८	१५२	१६६
२०२	२१९	१८८	२८	४५	१४	६४	८१	५०	११५	१३२	१०१	१५१	१६८	१३७
४१	१०	२७	७७	४६	६३	१२८	९७	११४	१७९	१४८	१६५	२१४	१८४	२०१
१२	२६	४०	४८	६२	७६	९९	११३	१२७	१५०	१६४	१७८	१८६	२००	२१४
२५	४२	११	६१	७८	४७	११२	१२९	९८	१६३	१८०	१४९	१९९	२१६	१८५
८९	५८	७५	१२५	९४	१११	१७६	१४५	१६२	२१२	१८१	१९८	३८	७	२४
६०	७४	८८	९६	११०	१२४	१४७	१६१	१७५	१८३	१९७	२११	९	२३	३७
७३	९०	५९	१०९	१२६	९५	१६०	१७७	१४६	१९६	२१३	१८२	२२	३९	८
१२२	९१	१०८	१७३	१४२	१५९	२२४	१९३	२१०	३५	४	२१	८६	५५	७२
९३	१०७	१२१	१४४	१५८	१७२	१९५	२०९	२२३	६	२०	३४	५७	७१	८५
१०६	१२३	९२	१५७	१७४	१४३	२०८	२२५	१९४	१९	३६	५	७०	८७	५६

आकृति ८८

यही ५×३ वें वर्ण का हमारा इच्छित संयुक्त माया वर्ग है।

अब इसी विधि से ३ × ५ वें वर्ण का एक संयुक्त माया वर्ग बनाकर हम इस अध्याय को समाप्त करेंगे। विधि के भिन्न-भिन्न पग निम्नांकित आकृतियों से स्पष्ट हो जाएँगे।

संख्याओं १,२,३.............(१५)^{२} की मौलिक स्थिति

२११	२१२	२१३	२१४	२१५	२१६	२१७	२१८	२१९	२२०	२२१	२२२	२२३	२२४	२२५
१९६	१९७	१९८	१९९	२००	२०१	२०२	२०३	२०४	२०५	२०६	२०७	२०८	२०९	२१०
१८१	१८२	१८३	१८४	१८५	१८६	१८७	१८८	१८९	१९०	१९१	१९२	१९३	१९४	१९५
१६६	१६७	१६८	१६९	१७०	१७१	१७२	१७३	१७४	१७५	१७६	१७७	१७८	१७९	१८०
१५१	१५२	१५३	१५४	१५५	१५६	१५७	१५८	१५९	१६०	१६१	१६२	१६३	१६४	१६५
१३६	१३७	१३८	१३९	१४०	१४१	१४२	१४३	१४४	१४५	१४६	१४७	१४८	१४९	१५०
१२१	१२२	१२३	१२४	१२५	१२६	१२७	१२८	१२९	१३०	१३१	१३२	१३३	१३४	१३५
१०६	१०७	१०८	१०९	११०	१११	११२	११३	११४	११५	११६	११७	११८	११९	१२०
९१	९२	९३	९४	९५	९६	९७	९८	९९	१००	१०१	१०२	१०३	१०४	१०५
७६	७७	७८	७९	८०	८१	८२	८३	८४	८५	८६	८७	८८	८९	९०
६१	६२	६३	६४	६५	६६	६७	६८	६९	७०	७१	७२	७३	७४	७५
४६	४७	४८	४९	५०	५१	५२	५३	५४	५५	५६	५७	५८	५९	६०
३१	३२	३३	३४	३५	३६	३७	३८	३९	४०	४१	४२	४३	४४	४५
१६	१७	१८	१९	२०	२१	२२	२३	२४	२५	२६	२७	२८	२९	३०
१	२	३	४	५	६	७	८	९	१०	११	१२	१३	१४	१५

आकृति ८९

उन्हीं संख्याओं से निर्मित ९ माया वर्ग

१९७	२१४	१५१	१६८	१८५	२०२	२१९	१५६	१७३	१९०	२०७	२२४	१६१	१७८	१९५
२१३	१५५	१६७	१८४	१९६	२१८	१६०	१७२	१८९	२०१	२२३	१६५	१७७	१९४	२०६
१५४	१६६	१८३	२००	२१२	१५९	१७१	१८८	२०५	२१७	१६४	१७६	१९३	२१०	२२२
१७०	१८२	१९९	२११	१५३	१७५	१८७	२०४	२१६	१५८	१८०	१९२	२०९	२२१	१६३
१८१	१९८	२१५	१५२	१६९	१८६	२०३	२२०	१५७	१७४	१९१	२०८	२२५	१६२	१७९
१२२	१३९	७६	९३	११०	१२७	१४४	८१	९८	११५	१३२	१४९	८६	१०३	१२०
१३८	८०	९२	१०९	१२१	१४३	८५	९७	११४	१२६	१४८	९०	१०२	११९	१३१
७९	९१	१०८	१२५	१३७	८४	९६	११३	१३०	१४२	८९	१०१	११८	१३५	१४७
९५	१०७	१२४	१३६	७८	१००	११२	१२९	१४१	८३	१०५	११७	१३४	१४६	८८
१०६	१२३	१४०	७७	९४	१११	१२८	१४५	८२	९९	११६	१३३	१५०	८७	१०४
४७	६४	१	१८	३५	५२	६९	६	२३	४०	५७	७४	११	२८	४५
६३	५	१७	३४	४६	६८	१०	२२	३९	५१	७३	१५	२७	४४	५६
४	१६	३३	५०	६२	९	२१	३८	५५	६७	१४	२६	४३	६०	७२
२०	३२	४९	६१	३	२५	३७	५४	६६	८	३०	४२	५९	७१	१३
३१	४८	६५	२	१९	३६	५३	७०	७	२४	४१	५८	७५	१२	२९

आकृति ९०

माध्य

९१५,९४०,९६५

५४०,५६५,५९०

१६५,१९०,२१५

माध्यों का माया वर्ग

९४०	१६५	५९०
२१५	५६५	९१५
५४०	९६५	१९०

आकृति ६१

वर्ण ३×५ का संयुक्त माया वर्ग

२०२	२१९	१५६	१७३	१९०	४७	६४	१	१८	३५	१३२	१४९	८६	१०३	१२०
२१८	१६०	१७२	१८९	२०१	६३	५	१७	३४	४६	१४८	९०	१०२	११९	१३१
१५९	१७१	१८८	२०५	२१७	४	१६	३३	५०	६२	८९	१०१	११८	१३५	१४७
१७५	१८७	२०४	२१६	१५८	२०	३२	४९	६१	३	१०५	११७	१३४	१४६	८८
१८६	२०३	२२०	१५७	१७४	३१	४८	६५	२	१९	११६	१३३	१५०	८७	१०४
५७	७४	११	२८	४५	१२७	१४४	८१	९८	११५	१९७	२१४	१५१	१६८	१८५
७३	१५	२७	४४	५६	१४३	८५	९७	११४	१२६	२१३	१५५	१६७	१८४	१९६
१४	२६	४३	६०	७२	८४	९६	११३	१३०	१४२	१५४	१६६	१८३	२००	२१२
३०	४२	५९	७१	१३	१००	११२	१२९	१४१	८३	१७०	१८२	१९९	२११	१५३
४१	५८	७५	१२	२९	१११	१२८	१४५	८२	९९	१८१	१९८	२१५	१५२	१६९
१२२	१३९	७६	९३	११०	२०७	२२४	१६१	१७८	१९५	५२	६९	६	२३	४०
१३८	८०	९२	१०९	१२१	२२३	१६५	१७७	१९४	२०६	६८	१०	२२	३९	५१
७९	९१	१०८	१२५	१३७	१६४	१७६	१९३	२१०	२२२	९	२१	३८	५५	६७
९५	१०७	१२४	१३६	७८	१८०	१९२	२०९	२२१	१६३	२५	३७	५४	६६	८
१०६	१२३	१४०	७७	९४	१९१	२०८	२२५	१६२	१७९	३६	५३	७०	७	२४

आकृति ६२

अध्याय १०

नासिक वर्ग

पिछले अध्यायों में हमने भिन्न-भिन्न वर्णों के वर्ग बनाने की विधियों का अध्ययन किया है। प्रायः एक ही वर्ण के अनेक माया वर्ग बनाए जा सकते हैं। अब प्रश्न यह उठता है कि क्या हम माया वर्गों पर और भी प्रतिबन्ध लगा सकते हैं। इस प्रश्न का उत्तर इन दो अध्यायों में मिलेगा।

इस अध्याय में हम ऐसे वर्गों का अध्ययन करेंगे जिनके समस्त विकर्णों का योग भी माया अचल के बराबर हो। ऐसे वर्गों को **परामाया वर्ग** अथवा **सम्पूर्ण वर्ग** कहते हैं। ऐसे वर्गों का अध्ययन फ्रौस्ट ने किया था। चूँकि यह नासिक में रहते थे, अतः इन्होंने इन वर्गों का नाम **नासिक वर्ग** रखा था।

हम देख चुके हैं कि तृतीय वर्ण का केवल एक ही मौलिक वर्ग होता है। और यह वर्ग परामाया नहीं होता। अतः तृतीय वर्ण का नासिक वर्ग बनाना असम्भव है।

चतुर्थ वर्ण के वर्ग में मुख्य विकर्ण मिलाकर ४ आरोह विकर्ण होते हैं जिनका निरूपण हम यहाँ क्रूशों से करते हैं :

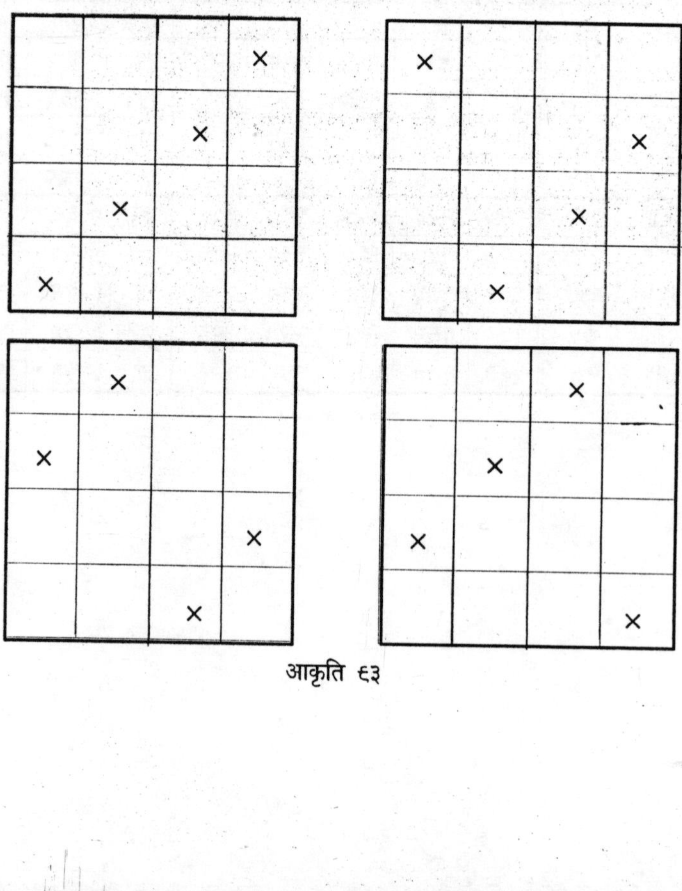

आकृति ६३

इसी प्रकार ४ अवरोह विकर्ण होते हैं :

×			
	×		
		×	
			×

			×
×			
	×		
		×	

		×	
			×
×			
	×		

	×		
		×	
			×
×			

आकृति ६४

चतुर्थ वर्ण के नासिक वर्ग में आठों समकोणियों और इन आठों विकर्णों—इन १६ पंक्तियों का योग एक सा होना चाहिए। अब चतुर्थ वर्ण के वर्ग

	१	१४	७	१२
	१५	४	९	६
नासिक	१०	५	१६	३
	८	११	२	१३

आकृति ६५

पर विचार कीजिए। इसमें उपरिलिखित सारी शर्तें पूरी होती हैं। उदाहरणतः

१५ + ५ + २ + १२ = ३४,

१० + ११ + ७ + ६ = ३४,

१ + ६ + १६ + ११ = ३४.

अतः यह चतुर्थ वर्ण का नासिक वर्ग है। भारतवर्ष में खजुराहो एक स्थान है जहाँ

११वीं शताब्दी में इस प्रकार का एक वर्ग पाया गया था। नासिक वर्ग की व्याख्या से स्पष्ट है कि यदि हम ऐसे वर्ग को किसी भी क्षैतिज अथवा ऊर्ध्व रेखा पर तोड़ें और वर्ग के दोनों भागों का हेर फेर करें तो लब्ध वर्ग भी नासिक वर्ग ही होगा। उदाहरणतः आकृति ९५ के वर्ग को क्षैतिज मोटी रेखा पर तोड़ो और दोनों भागों का हेर फेर करो। तो यह वर्ग प्राप्त होगा।

१५	४	९	६
१०	५	१६	३
८	११	२	१३
१	१४	७	१२

आकृति ९६

स्पष्ट है कि यह वर्ग भी नासिक प्रकार का है।

आकृति ९५ के वर्ग को ऊर्ध्व मोटी रेखा पर तोड़ने से यह वर्ग प्राप्त होगा :

१२	१	१४	७
६	१५	४	९
३	१०	५	१६
१३	८	११	२

आकृति ९७

यह वर्ग भी परामाया प्रकार का है।

इसी प्रकार, एक क्षैतिज और एक ऊर्ध्वाधर हेर फेर से हम वर्ग की किसी भी संख्या को किसी भी अन्य कुटी में ले जा सकते हैं।

अब नासिक वर्ग के एक और गुण पर विचार करो। मान लो कि हम आकृति ९५ के वर्ग को चारों दिशाओं में दुहराते हैं। इस विस्तार की कोई सीमा नहीं है। मान लो कि हम इस प्रकार १२वें वर्ण का एक वर्ग बनाते हैं :–

१	१४	७	१२	१	१४	७	१२	१	१४	७	१२
१५	४	९	६	१५	४	९	६	१५	४	९	६
१०	५	१६	३	१०	५	१६	३	१०	५	१६	३
८	११	२	१३	८	११	२	१३	८	११	२	१३
१	१४	७	१२	१	१४	७	१२	१	१४	७	१२
१५	४	९	६	१५	४	९	६	१५	४	९	६
१०	५	१६	३	१०	५	१६	३	१०	५	१६	३
८	११	२	१३	८	११	२	१३	८	११	२	१३
१	१४	७	१२	१	१४	७	१२	१	१४	७	१२
१५	४	९	६	१५	४	९	६	१५	४	९	६
१०	५	१६	३	१०	५	१६	३	१०	५	१६	३
८	११	२	१३	८	११	२	१३	८	११	२	१३

आकृति ९८

स्पष्ट है कि यह एक माया वर्ग है जिसका माया अचल ३ × ३४ = १०२ है। इस वर्ग में यह विशेषता है कि इसमें से हम कहीं से भी चतुर्थ वर्ण का कोई वर्ग काट लें और वह एक माया वर्ग होगा। उदाहरणतः हमने ऐसे तीन वर्ग मोटी लकीरों से अंकित किए हैं। यह तीनों चौंतीसे हैं।

रेनर ने सिद्ध कर दिया है कि किसी भी इकसम वर्ण का कोई नासिक वर्ग बन ही नहीं सकता। किसी भी द्विसम वर्ण के नासिक वर्ग बनाए जा सकते हैं। विषम संख्याओं में ऐसी संख्याओं के वर्णों के वर्ग बन सकते हैं जो ३ से भाज्य न हों या ३ के विषम अपवर्त्य हों। प्रथम श्रेणी में संख्याएँ

५, ७, ११, १३, १७, १९........

आती हैं, द्वितीय श्रेणी में

९, १५, २१, २७, ३३.....

इस पुस्तिका में हम इन वर्गों के निर्माण के सिद्धान्त का विवेचन नहीं करेंगे, केवल उदाहरणतः दो चार वर्ग दे देंगे।

पच्चम वर्ण का नासिक वर्ग बनाने के लिए पहले किसी भी कुटी में १ रक्खो। अब शतरंज के घोड़े की चाल के समान चलकर संख्याएँ २,३,४,...रक्खो। पाठकों में से जो शतरंज के खिलाड़ी होंगे, जानते होंगे कि घोड़े की मार ८ घरों पर पड़ती है। मान लो कि घोड़े का

		५		४			
	६				३		
			घो				
	७				२		
		८		१			

आकृति ९९

स्थान घो है। तो उसकी मार १, २, ३, ४, ५, ६, ७, ८—इन आठ कुटियों पर पड़ रही है। इन स्थानों में से वह कुटी चुन लो जो 'घो' से २ घर ऊपर और १ घर दाहिने हो, अर्थात् वह कुटी जिसमें ४ स्थित है। इसी प्रकार की चाल से वर्ग बनाओ जब ऐसी कुटी पर पहुँचो जो पहले से घिरी हो तो लूबेर की विधि के समान उससे ठीक नीचे की कुटी से चलो। इस प्रकार ५वें वर्ण का नासिक वर्ग प्राप्त होगा।

२४	७	२०	३	११
५	१३	२१	९	१७
६	१९	२	१५	२३
१२	२५	८	१६	४
१८	१	१४	२२	१०

आकृति १००

७वें वर्ण का नासिक वर्ग बनाने की विधि भी प्रायः ऐसी ही हैं। केवल इतना ही अन्तर है कि जब ऐसी कुटी पर पहुँच जाओ जो पहले से घिरी हुई हो तो उस कुटी पर जाओ जो दो घर दाहिने और एक घर नीचे हो। आकृति ९९ में यदि कुटी 'घो' से चलना है और कुटी '४' घिरी हुई है तो कुटी '२' पर पहुँच जाओ और फिर पहले की भाँति घोड़े की चाल से चलो। इस प्रकार ७वें वर्ण का वर्ग प्राप्त होगा।

१७	१२	७	४४	३९	३४	२२
४२	३०	२५	२०	८	३	४७
११	६	४३	३८	३३	२८	१६
२९	२४	१९	१४	२	४६	४१
५	४९	३७	३२	२७	१५	१०
२३	१८	१३	१	४५	४०	३५
४८	३६	३१	२६	२१	९	४

आकृति १०१

मौर्गोसन ने एक विधि दी है जिससे ऐसे वर्ण के नासिक वर्ग बन सकते हैं जो ४ के अपवर्त्य हों अथवा ३ के विषम अपवर्त्य हों। हम उनकी विधि से बनाए हुए ८ और ९वें वर्ण के नासिक वर्ग यहाँ देते हैं।

६१	५८	४५	३६	५	१२	१९	२८
६	११	२२	२७	६२	५१	४६	३५
६३	५०	४७	३४	७	१०	२३	२६
८	९	२४	२५	६४	४१	४८	३३
६०	५३	४४	३७	४	१३	२०	२१
३	१४	१९	३०	५१	५४	४३	३८
५८	५५	४२	३९	२	१५	१८	३१
१	१६	१७	३२	५७	५६	४१	४०

आकृति १०२

३३	४५	४८	६०	७२	७५	६	१८	२१
५	१७	२०	३२	४४	४७	५९	७१	७४
५८	७०	७३	४	१६	१९	३१	४३	४६
३०	४२	५४	५७	६९	८१	३	१५	२७
२	१४	२६	२९	४१	५३	५६	६८	८०
५५	६७	७९	१	१३	२५	२८	४०	५२
३६	३९	५१	६३	६६	७८	९	१२	२४
८	११	२३	३५	३८	५०	६२	६५	७७
६१	६४	७६	७	१०	२२	३४	३७	४९

आकृति १०३

जैसा हम ऊपर लिख चुके हैं, किसी इकसम वर्ण का नासिक वर्ग बन ही नहीं सकता जिसमें १ से लेकर $स^{२}$ तक की संख्याओं का समावेश हो। परन्तु प्लैंक ने एक विधि दी है जिससे इकसम वर्ण का नासिक वर्ग बन सकता है। किन्तु इस वर्ग में क्रमागत संख्याओं का समावेश नहीं होता।

मान लो कि $स^{२}$ एक इकसम संख्या है। यदि हम १ से लेकर $स^{२}$ तक की संख्याएँ लिखें तो इनमें इन तीन संख्याओं

$\frac{१}{४}स^{२}+१, \frac{१}{२}स^{२+२}, \frac{३}{४}स^{२}+३$ (अ)

का भी समावेश होगा। इन तीन संख्याओं के स्थान पर

$स^{२}+१, स^{२}+२, स^{२}+३$ (आ)

रक्खो। इस प्रकार जो संख्याएँ प्राप्त होंगी, उनसे एक नासिक वर्ग बन सकता है।

उदाहरणतया, मान लो कि स=६

तो (अ) के स्थान पर हमें संख्याएँ

१०, २०, ३०

प्राप्त हुईं, और (आ) के स्थान पर

३७, ३८, ३९.

अब १०,२०,३० को छोड़कर १ से लेकर ३९ तक समस्त संख्याएँ ले लो। इन संख्याओं से छठे वर्ण का एक नासिक वर्ग प्राप्त होगा–

२८	१	२६	३६	८	२१
३	३५	७	२७	२३	२५
३४	२४	२२	२	२९	९
४	३२	१९	१२	३९	१४
१३	१७	१५	३७	५	३३
३८	११	३१	६	१६	१८

आकृति १०४

अध्याय ११

अर्ध नासिक और सहचर वर्ग

किसी **अर्ध नासिक** वर्ग में सम्मुख छोटे विकर्णों का योग भी माया अचल के बराबर होता है। चतुर्थ वर्ण का एक अर्ध-नासिक वर्ग यहाँ दिया जाता है :

अर्ध नासिक

१	१४	१२	७
४	१५	९	६
१३	२	८	११
१६	३	५	१०

आकृति १०५

इसमें सम्मुख छोटे विकर्णों का योग

(१२ + ६) + (१३ + ६) = ३४

और (४ + १४) + (५ + ११) = ३४

यदि किसी माया वर्ग में केन्द्र से समदूरस्थ कुटियों की संख्याओं का योग समान हो तो उसे सहचर वर्ग कहते हैं। उदाहरणतया, चतुर्थ वर्ण के उस वर्ग पर विचार कीजिए जो आकृति २ में दिया गया है। पाठकों की सुविधा के लिए हम उसे यहाँ दुबारा देते हैं।

सहचर

१६	३	२	१३
५	१०	११	८
९	६	७	१२
४	१५	१४	१

आकृति १०६

इस वर्ग में

१ + १६ = १७,
४ + १३ = १७,
३ + १४ = १७,
२ + १५ = १७,
५ + १२ = १७,
९ + ८ = १७,
१० + ७ = १७,
११ + ६ = १७,

और

अतः यह वर्ग एक सहचर वर्ग है।

स वर्ण के माया वर्ग में इस योग का मान स^{२}+1 होगा। इस वर्ग में स=४. अतः, यह अचल = ४^{२} + १ = १७.

अब चतुर्थ वर्ण के एक सामान्य माया वर्ग पर विचार कीजिए।

सामान्य

१६	१	८	९
३	१२	१३	६
१०	७	२	१५
५	१४	११	४

आकृति १०७

इस वर्ग में जिन संख्याओं का योग १७ है, उन्हें जोड़ने से इस प्रकार की आकृति बनेगी :

सामान्य

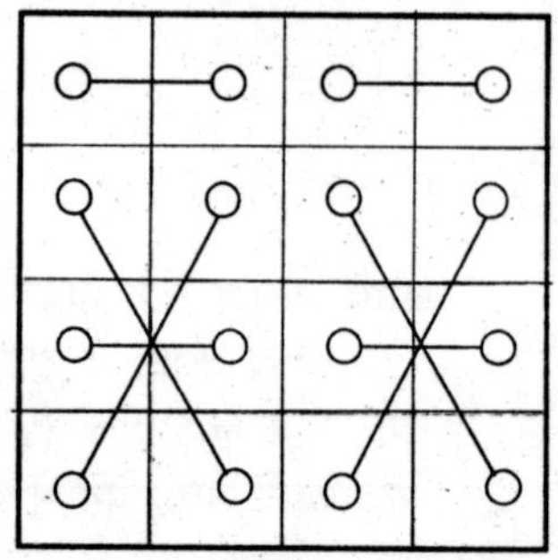

आकृति १०८

सहचर वर्ग की सम्वादी आकृति का यह रूप होगा :

सहचर

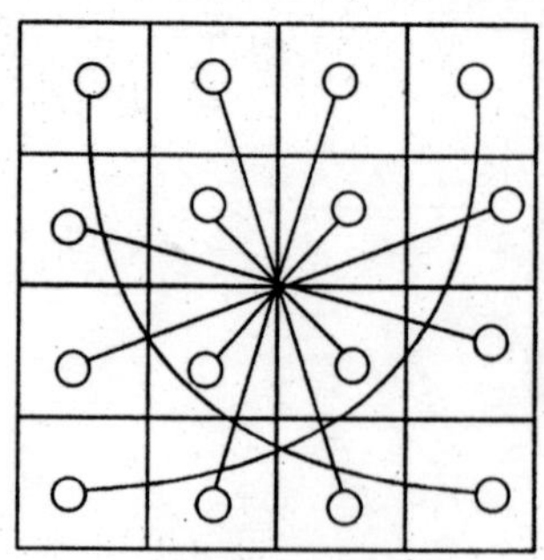

आकृति १०९

नासिक और अर्ध-नासिक माया वर्गों के आलैखिक प्रदर्शन भी शिक्षाप्रद होंगे :-

आकृति ६५ के नासिक वर्ग का चित्रमय प्रदर्शन

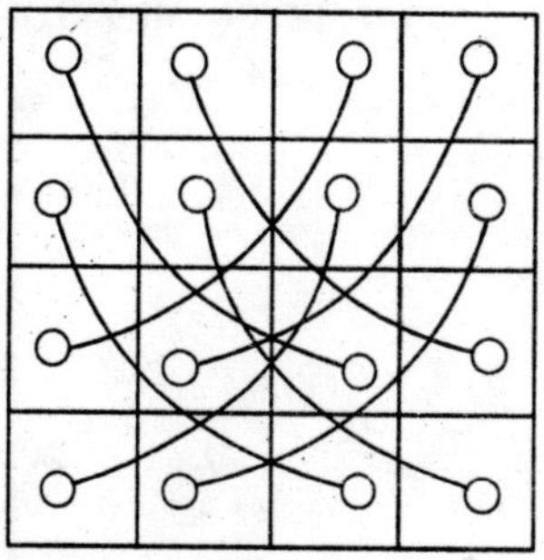

आकृति ११०

आकृति १०५ के अर्धनासिक वर्ग का चित्रमय प्रदर्शन

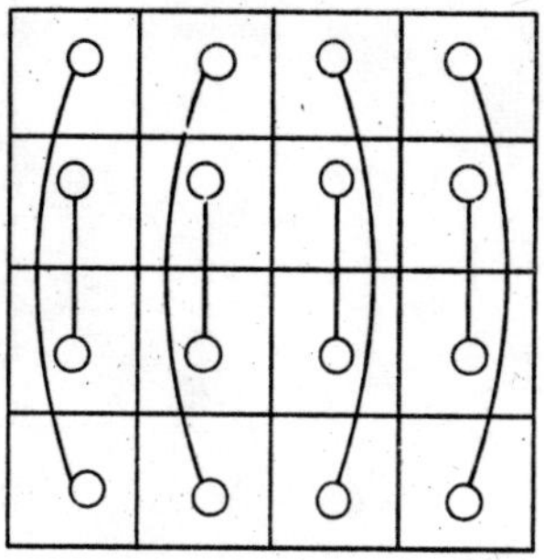

आकृति १११

नासिक और सहचर वर्गों के आलैखिक प्रदर्शन के रूप तो प्रायः निश्चित हैं, परन्तु सामान्य और अर्ध-नासिक वर्गों के चित्र और भी कई प्रकार के हो सकते हैं।

अध्याय ५ में लूबेर की विधि से जितने भी वर्ग हमने बनाए हैं, सब सहचर वर्ग हैं। इसके अतिरिक्त अध्याय ७ में जितने वर्ग द्विसम वर्ण के बनाए हैं, सब सहचर है। इकसम वर्ण के सहचर वर्ग बन ही नहीं सकते। परन्तु यदि हम उसी प्रकार अक्रमागत संख्याएँ लें जैसी आकृति १०४ में ली थीं तो एक सहचर वर्ग बन सकता है :-

२८	१	२६	२१	८	३६
३	३५	७	२५	२३	२७
३४	२४	२२	६	२६	२
३८	११	३१	१८	१६	६
१३	१७	१५	३३	५	३७
४	३२	१६	१४	३६	१२

आकृति ११२

कुछ वर्ग एस भा होते हैं जो नासिक भी हों, सहचर भी। यहाँ हम ९वें वर्ण का इस प्रकार का एक वर्ग देते हैं।

३३	४४	४६	७८	६२	६४	१५	२६	१
१४	२५	३	३२	४३	४८	७७	६१	६६
७६	६३	६५	१३	३७	२	३१	४५	४७
२८	४२	५३	७३	६०	७१	१०	२४	८
१२	२३	७	३०	४१	५२	७५	५९	७०
७४	५८	७२	११	२२	९	२९	४०	५४
३५	३७	५१	८०	५५	६९	१७	१९	६
१६	२१	५	३४	३९	५०	७९	५७	६८
८१	५६	६७	१८	२०	४	३६	३८	४९

आकृति ११३

वर्गों की गणना

अब तनिक इस प्रश्न पर भी विचार कर लेना चाहिए कि भिन्न-भिन्न वर्णों के भाँति-भाँति के कितने वर्ग बन सकते हैं। वर्गों के सम्बन्ध में यही प्रश्न सबसे कठिन है।

हमने देख लिया है कि तृतीय वर्ण का केवल एक ही मौलिक वर्ग होता है जिसे परिभ्रमण और परावर्तन द्वारा ८ रूपों में प्रदर्शित कर सकते हैं।

चतुर्थ वर्ण के ८८० मौलिक माया वर्ग होते हैं जिनका वर्गीकरण इस प्रकार है :

नासिक	४८
अर्ध नासिक	३३६
सहचर	४८
सामान्य	४४८
	८८०

परन्तु परिभ्रमण और परावर्तन द्वारा हम इन ८८० वर्गों को ७०४० रूपों में प्रदर्शित कर सकते हैं। यह ८८० वर्ग सबसे पहले १६९३ में फ्रेनिकिल ने दिए थे।

उच्च वर्ण के वर्गों की गणना आज तक पूर्ण रूप से हो ही नहीं सकी है। भिन्न-भिन्न गणिनज्ञों ने केवल इतना कर पाया है कि भिन्न-भिन्न प्रकार के जितने विशिष्ट वर्ग मिलते चले गए, उनकी गिनती करते चले गए। परन्तु इन वर्गों का वर्गीकरण पूर्ण रूप से आज तक न हो पाया।

५वें वर्ण का जो वर्ग लूबेर की विधि से हमने आकृति ३३ में बनाया था, उसी से ७२० मौलिक वर्ग बन सकते हैं। आकृति ३८ में जो वर्ग हमने बैशेट की विधि से बनाया था, उससे भी ७२० वर्ग बन सकते हैं। इसके अतिरिक्त विषम वर्ण के वर्ग बनाने की कई अन्य विधियाँ औरों ने भी दी हैं जिनमें से प्रत्येक निधि से ५वें वर्ण के सैकड़ों वर्ग बन जाते हैं। और यदि इनमें से प्रत्येक वर्ग का परिभ्रमण और परावर्तन करें तो वर्गों की संख्या लाखों में पहुँचेगी। द ला हायर ने

दर्शाया था कि बिना परिभ्रमण और परावर्तन के ५वें वर्ण के ५७६०० वर्ग बनाए जा सकते हैं। दा ला हायर के समय से अब तक वर्ग बनाने की और भी कई विधियाँ दी जा चुकी हैं। उन विधियों से भी वर्ग बनाने से पता चलता है कि ५वें वर्ण के वर्गों की संख्या १,३०००० से भी अधिक है—बिना परिभ्रमण और परावर्तन के!

रौसर और वौकर ने सिद्ध किया है कि ५वें वर्ण के वर्गों में नासिक वर्ग ३६०० हैं।

५वें से उच्च वर्ण के वर्गों की तो कहाँ तक गिनती की जाए। ७वें वर्ण के नासिक वर्गों की ही गिनती ३ करोड़ ८० लाख से अधिक है और ८वें वर्ण के नासिक वर्गों की संख्या ६५ खरब से भी अधिक है!

अब किनारीदार वर्गों पर ध्यान दीजिए। तृतीय वर्ण के वर्ग में किनारी लगाने से ५वें वर्ण के २८८० किनारीदार वर्ग बन सकते हैं। और इतने वर्ग तब बनते हैं जब तृतीय वर्ण का वर्ग केवल ९ से १७ तक संख्याओं से बनाया गया हो। वायले ने इस प्रश्न का अध्ययन किया है। इनका मत है कि १ से २५ तक की संख्याओं में से कोई भी ९ संख्याएँ लेने से २६ प्रकार की तृतीय वर्ण के वर्ग बन सकते हैं। और इन पर किनारी लगाने से ५वें वर्ण के १७१, ०७२ वर्ग बनाए जा सकते हैं।

छठे वर्ण के किनारीदार वर्गों की संख्या ५६ करोड़ से अधिक है!

अध्याय १२

भाँति भाँति के वर्ग

बहुमाया वर्ग

मान लो कि किसी वर्ग की कुटियों में हम संख्याओं के स्थान पर उनके द्वितीय घात रख दें। तो, यदि लब्ध वर्ग भी माया वर्ग रहे तो ऐसे वर्ग को द्विमाया वर्ग कहते हैं।

यदि तृतीय घात रखने से भी वर्ग मायावी रहता है तो उसे त्रिमाया वर्ग कहते हैं।

इसी प्रकार हम चतुर्माया, पंचमाया...बहुमाया वर्ग की व्याख्या कर सकते हैं। यहाँ हम ८वें वर्ण के दो द्विमाया वर्ग देते हैं।

५	३१	३५	६०	५७	३४	८	३०
१९	९	५३	४६	४७	५६	१८	१२
१६	२२	४२	३९	५२	६१	२७	१
६३	३७	२५	२४	३	१४	४४	५०
२६	४	६४	४९	३८	४३	१३	२३
४१	५१	१५	२	२१	२८	६२	४०
५४	४८	२०	११	१०	१७	५५	४५
३६	५८	६	२९	३२	७	३३	५९

आकृति ११४

७	५३	४१	२७	२	५२	४८	३०
१२	५८	३८	२४	१३	६३	३५	१७
५१	१	२९	४७	५४	८	२८	४२
६४	१४	१८	३६	५७	११	२३	३७
२५	४३	५५	५	३२	४६	५०	४
२२	४०	६०	१०	१९	३३	६१	१५
४५	३१	३	४९	४४	२६	६	५६
३४	२०	१६	६२	३९	२१	९	५९

आकृति ११५

इन वर्गों की कुटियों में यदि हम संख्याओं के स्थान पर उनके द्वितीय घात रख दें, जैसे

१ के स्थान पर १,
२ " " ४,
३ " " ९,
४ " " १६,
....

तो लब्ध वर्ग भी मायावी रहेंगे।

आकृति ११५ के वर्ग में एक विशेषता यह भी है कि यदि इसे द्वितीय वर्ण के १६ वर्गों में विभाजित करें तो उनमें से प्रत्येक वर्ग की चारों संख्याओं का योग १३० होता है।

इस वर्ग की कुटियों में यदि संख्याओं का द्वितीय घात रखा जाए तो लब्ध माया वर्ग का माया अचल १११८० होगा।

साधारणतया, द्विमाया वर्ग में द्वितीय घात के वर्ग का माया अचल $\frac{१}{६}स\ (स^{२}+१)\ (२स^{२}+१)$ होता है। आकृति ११५ के वर्ग में स = ८। अतः माया अचल

$= \frac{१}{६}८.६५.१२९$

= १११८०.

८ से नीचे वर्ण का कोई भी द्विमाया वर्ग बन ही नहीं सकता।

ऐसे द्विमाया वर्ग भी बनाए गए हैं जिनमें और भी गुण विद्यमान हों। यहाँ ८वें वर्ण का एक नासिक द्विमाया वर्ग दिया जाता है।

१६	४१	३६	५	२७	६२	५५	१८
२६	६३	५४	१९	१३	४४	३३	८
१	४०	४५	१२	२२	५१	५८	३१
२३	५०	५९	३०	४	३७	४८	९
३८	३	१०	४७	४९	२४	२९	६०
५२	२१	३२	५७	३९	२	११	४६
४३	१४	७	३४	६४	२५	२०	५३
६१	२८	१७	५६	४२	१५	६	३५

आकृति ११६

हम ९वें वर्ण का एक वर्ग और देते हैं जो द्विमायावी भी है, सहचर भी।

७०	७५	५९	१५	२६	१	३८	४९	३६
११	२२	९	४३	४८	३२	६९	८०	५५
४२	५३	२८	६५	७६	६३	१६	२१	५
५७	६८	७९	८	१०	२४	३१	४५	४७
४	१८	२०	३०	४१	५२	६२	६४	७८
३५	३७	५१	५८	७२	७४	३	१४	२५
७७	६१	६६	१९	६	१७	५४	२९	४०
२७	२	१३	५०	३४	३९	७३	६०	७१
४६	३३	४४	८१	५६	६७	२३	७	१२

आकृति ११७

त्रिमाया वर्ग में तीन माया वर्ग निहित होते हैं—एक तो मौलिक वर्ग, दूसरा द्वितीय घातों का वर्ग, तीसरा तृतीय घातों का वर्ग। इस प्रकार का छोटे से छोटा वर्ग ६४वें वर्ण का बनेगा।

रूढ़ संख्याओं के वर्ग

कुछ व्यक्तियों ने रूढ़ संख्याओं के माया वर्ग भी बनाए हैं। इस प्रकार के तृतीय वर्ण का एक वर्ग यह है–

३१	७३	७
१३	३७	६१
६७	१	४३

आकृति ११८

इस वर्ग का अचल १११ है। चतुर्थ वर्ण का एक वर्ग यह है–

२३	१	३१	४७
५	३७	४१	१६
७१	११	१३	७
३	५३	१७	२६

आकृति ११६

इस वर्ग का अचल १०२ है।

गुणन वर्ग

कुछ वर्ग ऐसे भी होते हैं जिनमें संख्याओं को जोड़ने के बदले गुणा किया जाता है। ऐसे वर्गों का बनाना बहुत सरल है। कोई भी सामान्य माया वर्ग ले लीजिए।

६	७	२
१	५	६
८	३	४

आकृति १२०

इसमें प्रत्येक संख्या के स्थान पर किसी विशिष्ट संख्या का सम्वादी घात रख दीजिए।
मान लो कि हमारी विशिष्ट संख्या २ है।

तो ६ के स्थान $२^{६}$, ७ के स्थान पर $२^{७}$,.....रखने से यह वर्ग प्राप्त होगा :

६४	१२८	४
२	३२	५१२
२५६	८	१६

आकृति १२१

स्पष्ट है कि इस वर्ग की प्रत्येक पंक्ति, स्तम्भ अथवा विकर्ण की संख्याओं का गुणनफल $२^{१५}$ होगा।

अब हम एक गुणन वर्ग 'लीलावती' का देते हैं–

१४७	७९२	९८	१३२
३०८	४२	४६२	२५२
३९६	२९४	२६४	४९
८४	१५४	१२६	९२४

आकृति १२२

इस वर्ग में प्रत्येक पंक्ति, स्तम्भ और विकर्ण की संख्याओं का गुणनफल १५०६०६०८६४ है। इसके अतिरिक्त यदि इसमें कहीं पर भी द्वितीय वर्ण का एक वर्ग बनाया जाए तो उसकी चारों संख्याओं का गुणनफल भी इतना ही होगा। इस प्रकार इसमें १९ गुणनफल हैं। हमने चित्र १२२ में ऐसे २ वर्ग मोटी लकीरों द्वारा अंकित किए हैं।

लीलावती में एक विचित्र प्रकार का वर्ग दिया है जिसे अन्तर वर्ग कह सकते हैं :

९३५०७८४	५४०२७१८	३९४८०६६	१४५४६५२	२४९३४१४
५९३४२७०	३४१९०५७	२५१५२१३	९०३८४४	१३११३६९
३४१६५१४	१९८३६६१	१४३२२८५३	५५०८०८	८८२०४५
२५१७७५६	१४३५३९६	१०८२३६०	३५३०३६	७२९३२४
८९८७५८	५४८२६५	३५०४९३	१९७७७२	१५२७२१

आकृति १२३

इस वर्ग की किसी भी पंक्ति की पास-पास की दो संख्याओं का अन्तर निकालो तो उसी पंक्ति की तीसरी संख्या मिलेगी। उदाहरणार्थ दूसरी पंक्ति की संख्याओं ३४१९०५७ और २५१५२१३ का अन्तर ९०३८४४ है। इसी प्रकार किसी स्तम्भ की किसी संख्या में से उसके नीचेवाली संख्या घटाओ तो उसी स्तम्भ की अगली संख्या मिलेगी। चौथे स्तम्भ की संख्या ५५०८०८ में से ३५३०३६ घटाने से १९७७७२ मिलता है। इस प्रकार इस वर्ग में अन्तर के ३० उदाहरण हैं।

अध्याय १३

कुछ मनोरंजक प्रश्न

इस अध्याय में हम ऐसे दो-चार प्रश्नों पर विचार करेंगे जो माया वर्गों पर अवलम्बित नहीं हैं, वरन् इनसे मिलती-जुलती आकृतियों से सम्बद्ध हैं।

लैटिन वर्ग

संख्याओं १,२,३,४,५ को एक वर्ग में इस प्रकार रखना है कि प्रत्येक समकोणी और विकर्ण में इन संख्याओं में से केवल एक ही आए।

इस प्रश्न का हल इस प्रकार है :

१	३	५	२	४
२	४	१	३	५
३	५	२	४	१
४	१	३	५	२
५	२	४	१	३

आकृति १२४

इस प्रकार के वर्ग को ५ वें वर्ण का **लैटिन वर्ग** कहते हैं। लैटिन वर्ग किसी भी वर्ण के बनाए जा सकते हैं। इन वर्गों के विच्छिन्न विकर्णों में भी वही गुण विद्यमान रहता है जो अन्य रेखाओं में। उदाहरणतया, आकृति १२४ का एक विच्छिन्न विकर्ण २, ५, ३, १, ४

लीजिए। इसमें भी प्रत्येक संख्या एक ही बार आती है।

हम यहाँ ७वें वर्ण का एक लैटिन वर्ग और देते हैं।

१	३	५	७	२	४	६
२	४	६	१	३	५	७
३	५	७	२	४	६	१
४	६	१	३	५	७	२
५	७	२	४	६	१	३
६	१	३	५	७	२	४
७	२	४	६	१	३	५

आकृति १२५

औपलर वर्ग

मान लो कि हमारे पास चार वस्तुएँ क, ख, ग, घ हैं, और प्रत्येक वस्तु ४ प्रकार की है : १,२,३,४ अर्थात् हमारे पास १६ वस्तुएँ हैं

$क_{१}$ $क_{२}$ $क_{३}$ $क_{४}$
$ख_{१}$ $ख_{२}$ $ख_{३}$ $ख_{४}$
$ग_{१}$ $ग_{२}$ $ग_{३}$ $ग_{४}$
$घ_{१}$ $घ_{२}$ $घ_{३}$ $घ_{४}$

अब इन वस्तुओं को एक वर्ग में इस प्रकार रखना है कि प्रत्येक पंक्ति, स्तम्भ और विकर्ण में चारों वस्तुओं में से एक ही आए और चारों प्रकारों में से भी एक ही प्रकार की आए। अर्थात् प्रत्येक रेखा में अक्षरों क, ख, ग, घ में से एक ही आए और संख्याओं १, २, ३, ४ में से भी एक ही आए।

इस प्रश्न का एक हल इस प्रकार का है :–

$क_{१}$	$ग_{४}$	$घ_{२}$	$ख_{३}$
$ख_{२}$	$घ_{३}$	$ग_{१}$	$क_{४}$
$ग_{३}$	$क_{२}$	$ख_{४}$	$घ_{१}$
$घ_{४}$	$ख_{१}$	$क_{३}$	$ग_{२}$

आकृति १२६

ऐसे वर्ग को **औयलर वर्ग** कहते हैं। स्पष्ट है कि इस वर्ग के अक्षरों से चतुर्थ वर्ण का एक लैटिन वर्ग बनेगा :

क	ग	घ	ख
ख	घ	ग	क
ग	क	ख	घ
घ	ख	क	ग

आकृति १२७

और उसकी संख्याओं से भी चतुर्थ वर्ण का एक लैटिन वर्ग बनेगा :

१	४	२	३
२	३	१	४
३	२	४	१
४	१	३	२

आकृति १२८

अब औयलर वर्ग का एक व्यावहारिक प्रयोग लीजिए।

ताश की गड्डी में १६ प्रधान पत्ते होते हैं : इक्के, राजा, मेमें और गुलाम।

एक वर्ग इस प्रकार बनाना है कि उसकी प्रत्येक पंक्ति, स्तम्भ, और विकर्ण में इन चारों में से एक ही आए :

इक्का, राजा, मेम, गुलाम

और इन चारों में से भी एक ही आए :

चिड़ी, ईंट, हुकुम, पान।

औयलर वर्ग में निम्नलिखित स्थानापत्ति करो :

क = इक्का — १ = चिड़ी
ख = राजा — २ = ईंट
ग = मेम — ३ = हुकुम
घ = गुलाम — ४ = पान

तो आकृति १२६ के वर्ग का यह रूप हो जाएगा :

चिड़ी का इक्का	पान की मेम	ईंट का गुलाम	हुकुम का राजा
ईंट का राजा	हुकुम का गुलाम	चिड़ी की मेम	पान का इक्का
हुकुम की मेम	ईंट का इक्का	पान का राजा	चिड़ी का गुलाम
पान का गुलाम	चिड़ी का राजा	हुकुम का इक्का	ईंट की मेम

आकृति १२९

माया तारा

एक वर्ग को दूसरे के ऊपर इस प्रकार रखा जैसा आकृति १३० में दिया है।

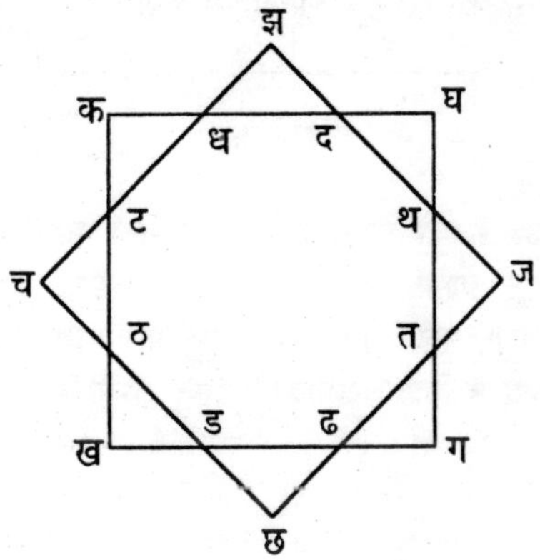

आकृति १३०

इस आकृति में १६ कोने हैं। इन कोनों पर संख्याएँ १,२,३,...१४,१५,१६ इस प्रकार रखनी हैं। कि प्रत्येक वर्ग की प्रत्येक भुजा के चारों कटान बिन्दुओं और प्रत्येक वर्ग के चारों शीर्षों की संख्याओं का जोड़ बराबर हो, अर्थात्

क + ख + ग + घ
च + छ + ज + झ;
क + ट + ठ + ख,
ख + ड + ढ + ग,
ग + त + थ + घ,
घ + द + ध + क;
च + ठ + ड + छ,
छ + ढ + त + ज,
ज + थ + द + झ,
झ + ध + ट + च

ये दसों जोड़ बराबर होने चाहिए।

इस प्रश्न का हल इस प्रकार है।

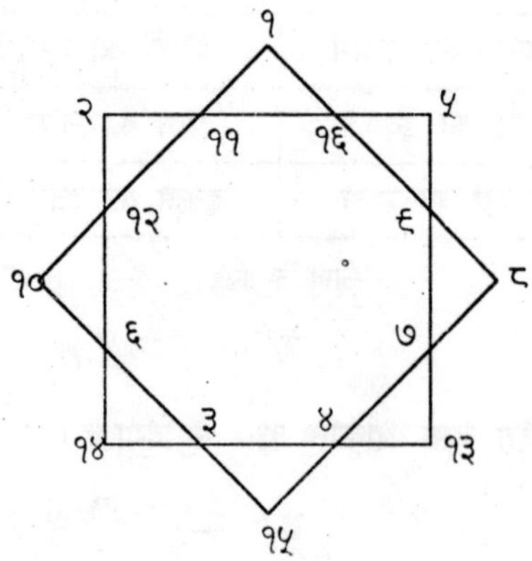

आकृति १३१

इस आकृति का माया अचल भी ३४ है जो चतुर्थ वर्ण के सामान्य माया वर्ग का माया अचल होता है।

हमने केवल दृष्टानत के लिए थोड़े से प्रश्नों पर विचार किया है। इसी प्रकार के अनेक मनोरंजक प्रश्न हैं जिनके फलस्वरूप माया आयत, माया वृत्त, माया क्रूश, माया घन, माया रम्भ और माया गोले बनते हैं। पासों से भी कई मनोरंजक आकृतियाँ बनाई जाती हैं। जिन्हें इस सम्बन्ध में विशेष जानकारी प्राप्त करनी हो, उन्हें पुस्तक सूची से लाभ उठाना चाहिए।

हिन्दी-अंग्रेजी शब्दावली

अक्रमागत	Non-consecutive	किनारी	Bordre
अंक	Digit	किनारीदार	Bordered
अधोगामी	Downward	कुटिलतः अनुबद्ध (सम्बद्ध)	Skew-conjugate
अन्तर	Difference	कुटी	Cell
अन्तिम	Last	कुलक	Set
अपवर्त्य	Multiple	केन्द्र	Centre
अपूर्ण	Incomplete	केन्द्रीय	Central
अभीष्ट	Required	क्रम	Order
अर्धनासिक वर्ग	Semi-Nasik Square	क्रमचय	Permutation
अवरोह क्रम	Descending order	क्रमागत	Consecutive
आकृति	Figure	क्रूश	Cross
आयत	rectangle	क्षैतिज	Horizontal
आरोह क्रम	Ascending order	गुण	Property
आलेख	Graph	गुणक	coefficient, multiplier
आलेखिक प्रदर्शन	Graphical represen-tation	गुणन	Multipilcation
		गुणनफल	Product
इकसम	Singly-even	गुलाम (ताश)	Jack (Cards)
इकाई	Unit	गोला	Sphere
इक्का (ताश)	Ace (Cards)	घटन	Composition
इच्छित	Required	घन	Cube
ईंट (ताश)	Diamonds (Cards)	घात	Power
उच्च वर्ण	High order	घोड़ा (शतरंज)	Knight (Chess)
उदाहरण	Example	चक्र क्रम	Cyclic order
उदाहरणतया	For example	चक्रीय	Cyclic
ऊर्ध्व	Vertical	चिड़ी (ताश)	Clubs (Cards)
ऊर्ध्वगामी	Upward	छोटा विकर्ण	Short Diagonal
ऊर्ध्वाधर	Vertical	जोड़	Sum, Addition
ऋणात्मक, ऋण–	Negative	तर्क	Argument
औयलर उर्ग	Euler Square	तुल्य	Equivalent
कटान बिंदु	Point of intersection	त्रिमाया वर्ग	Tri-magic Square

दक्षिणावर्त	Counter-clockwise
दूरी	Distance
दृष्टान्त	Illustration
द्विमाया वर्ग	Bi magic Square
द्विसम	Doubly-even
धनात्मक, धन्–	Positive
नासिक वर्ग	Nasik square
नियम	Rule
निरूपण	Representation
निर्माण	Construction
निष्कर्ष	Conclusion
पंक्ति	Row
पद	Term
परमाया वर्ग	Hyper-magic Square
परावर्तन	Reflection
परिधि	Circumference
परिभ्रमण	Rotation
पान (ताश)	Hearts (Cards)
पासे	Dice
पूरक	Complementary
पूर्ण	Complete
पूर्णांक	Integer
प्रकृत रूप	Normal form
प्रतिबन्ध	Condition
प्रथम	First
प्रधान पत्ते	Principal Cards
प्रयोग	Application
प्रश्न	Question, Problem
प्राकृतिक संख्यायें	Natural numbers
बहुमाया वर्ग	Multi-magic Square
बेगम (ताश)	Queen (Cards)
भाज्य	Divisible
भिन्न	1. Different 2. Fraction
भिन्नात्मक	Fractional
मध्य	Middle
माध्य	Average
मान	Value
माया अचल	Magic Constant
माया तारा	Magic Star
माया वर्ग	Magic Square
मायावी	Magical
माया श्रेणी	Magic series
मुख्य विकर्ण	Principal Diagonal
मेम (ताश)	Queen (Cards)
मौलिक	Fundamental
यन्त्र	Amulet
योग	Sum
रचना	Construction
रम्भ	Cylinder
राजा (ताश)	King (Cards)
रानी (ताश)	Queen (Cards)
रूढ़ संख्या	Prime Number
रूपान्तर	Transformation
लब्ध	Resultant
लैटिन वर्ग	Latin Square
वर्ग	Square
वर्गीकरण	Classification
वर्ण	Order
वामावर्त	Clockwise
विकर्ण	Diagonal
विकर्णतः	Diagonally
विकर्णतः सम्मुख भाग	Diagonally opposite parts
विकृत रूप	Abnormal form
विच्छिन्न विकर्ण	Broken Diagonal
विधि	Method
विन्यास	Arrangement
विशिष्ट	Particular
विषम	odd
विस्तार	Extension
वृत्त	Circule
व्याख्या	Definition
व्यावहारिक प्रयोग	Practical application
शीर्ष	Vertex
संख्या	Number
सम	Even
समकोण	Right Angle
समकोणी	Orthogonal
समकोणी योग	Orthogonal sum

समदूरस्थ	Equi-distent	सामान्य	Ordinary
समस्या	Problem	सारणी	Table
समान्तर श्रेणी	Arithmetical series	सिद्धान्त	Principle
सम्पूर्ण वर्ग	Complete Square	संयुक्त	Composite
सम्मुख छोटे विकर्ण	Opposite shortdiagonals	स्तम्भ	Columm
सम्वादी	Corresponding	स्थानापत्ति	Substitution
सहचर वर्ग	Associate Square	हल	Solution
सहायक वर्ग	Auxiliary Square	हुकुम (ताश)	Spades (Cards)
		हेर फेर	Interchange

अंग्रेजी-हिन्दी शब्दावली

Abnormal form	विकृत रूप
Ace (Cards)	इक्का
Addition	जोड़
Amulet	यन्त्र
Application	प्रयोग
Argument	तर्क
Arithmetical series	समान्तर श्रेणी
Arrangement	विन्यास
Ascending order	आरोह क्रम
Associate square	सहचर वर्ग
Auxiliary	सहायक वर्ग
Average	माध्य
Bimagic square	द्विमाया वर्ग
Border	किनारी
Bordered	किनारीदार
Broken diagonal	विच्छिन्न विकर्ण
Cell	कुटी
Central	केन्द्रीय
Centre	केन्द्र
Circle	वृत्त
Circumference	परिधि
Classification	वर्गीकरण
Clockwise	वामावर्त
Clubs (Cards)	चिड़ी (ताश)
Coefficient	गुणक
Columm	स्तम्भ
Complementary	पूरक
Complete	पूर्ण
Complete square	पूर्ण वर्ग
Composite	संयुक्त
Composition	घटन
Conclusion	निष्कर्ष, परिणाम
Condition	शर्त, अवस्था, प्रतिबन्ध
Consecutive	क्रमागत
Construction	रचना
Corresponding	सम्वादी
Counter-clockwise	दक्षिणवर्त
Cross	क्रूश
Cube	घन
Cyclic	चक्रीय
Cyclic order	चक्र-क्रम
Cylinder	रम्भ, बेलन
Definition	व्याख्या
Descending order	अवरोह क्रम
Diagonal	विकर्ण
Diagonally	विकर्णतः
Diagonally opposite parts	विकर्णतः सम्मुख भाग
Diamonds (Cards)	ईंट (ताश)
Dice	पासे
Difference	अन्तर
Different	भिन्न, विभिन्न
Digit	अंक
Distance	दूरी
Divisible	भाज्य
Doubly-even	द्विसम
Downward	अधोगामी
Equi-distant	समदूरस्थ
Equivalent	तुल्य
Euler square	औयलर वर्ग
Even	सम

Example	उदाहरण
Extension	विस्तार
Figure	आकृति
First	प्रथम
For example	उदाहरणतया
Fraction	भिन्न
Fractional	भिन्नात्मक
Fundamental	मौलिक
Graph	आलेख
Graphical representation	आलैखिक प्रदर्शन
Hearts (Cards)	पान (ताश)
High order	उच्च वर्ण
Horizontal	क्षैतिज
Hyper-magic square	परामाया वर्ग
Illustration	दृष्टान्त
Incomplete	अपूर्ण
Integer	पूर्णांक
Interchange	हेर-फेर
Jack (Cards)	गुलाम (ताश)
King (Cards)	राजा (ताश)
Knight (chess)	घोड़ा (शतरंज)
Last	अन्तिम
Latin square	लैटिन वर्ग
Magical	मायावी
Magic constant	माया अचल
Magic series	माया श्रेणी
Magic square	माया वर्ग
Magic star	माया तारा
Method	विधि
Middle	मध्य
Multi-magic square	बहुमाया वर्ग
Multiple	अपवर्त्य
Multiplication	गुणन
Multiplier	गुणक
Nasik square	नासिक वर्ग
Natural number	प्राकृतिक संख्या
Negative	ऋणात्मक, ऋण
Non-consecutive	अक्रमागत
Normal form	प्रकृत रूप
Number	संख्या
Odd	विषम
Opposite short diagonal	सम्मुख छोटा विकर्ण
Order	१. क्रम २. वर्ण
Ordinary	साधारण
Orthogonal	समकोणी
Orthogonal sum	समकोणी योग
Particular	विशिष्ट
Permutation	क्रमचय
Point of intersection	कटान बिन्दु
Positive	धनात्मक, धन
Power	घात
Practical application	व्यावहारिक प्रयोग
Prime number	रूढ़ सख्या
Principal cards	प्रधान पत्ते
Principal diagonal	मुख्य विकर्ण
Principle	सिद्धान्त
Problem	समस्या, प्रश्न
Product	गुणनफल
Property	गुण
Queen (Cards)	मेम, रानी, बेगम (ताश)
Question	प्रश्न
Rectangle	आयत
Reflection	परावर्तन
Representation	प्रदर्शन
Required	अभीष्ट
Resultant	लब्ध
RightAngle	समकोण
Rotation	परिभ्रमण
Row	पंक्ति
Rule	नियम
Semi-magic square	अर्ध-माया वर्ग
Semi-Nasik square	अर्धनासिक वर्ग
Set	कुलक
Short diagonal	छोटा विकर्ण
Singly-even	इकसम
Skew conjugate	कुटिलतः अनुबद्ध (सम्बद्ध)
Solution	हल
Spades (Cards)	हुकुम (ताश)

Sphere	गोला	Trimagic square	त्रिमाया वर्ग
Square	वर्ग	Unit	इकाई
Substitution	स्थानापत्ति	Upward	ऊर्ध्वगामी
Sum	योग	Value	मान
Table	सारणी, तालिका	Vertex	शीर्ष
Term	पद	Vertical	ऊर्ध्व, ऊर्ध्वाधर
Transformation	रूपान्तर		

पुस्तक-सूची

1. पं. सुधाकर द्विवेदी : गणित का इतिहास
2. W.S. Andrews-Magic squares and Cubes-Chicago 1905
3. W.W.R. Ball : Mathematical Recreations
4. H.E. Dudeney : Amusements in Mathematics
5. Encyclopedia Brittanica
6. Kraitchick : Mathematical Recreations
7. John Wills : Easy Methods of constructin Magic, Squares and Magic Cubes 1909.

पुस्तक-सूची

1. [illegible]
2. W. S. Andrews: Magic squares and Cubes, Chicago 1908
3. W. W. R. Ball: Mathematical Recreations [illegible]
4. [illegible] De Lacey [illegible]
5. [illegible] Britannica
6. [illegible] Mathematical Recreations [illegible]
7. [illegible] "Easy Methods [illegible]